La méthode
FOUTEZ-VOUS LA PAIX !

© Flammarion, 2022.
© Versilio, 2022.
Coccinelles : © Ketta / Shutterstock
ISBN : 978-2-0802-8429-7

La méthode
FOUTEZ-VOUS LA PAIX !

Flammarion | Versilio

SOMMAIRE

JE VIS SOUS PRESSION	17
JE NE M'AIME PAS	25
J'AI LA TÊTE EN L'AIR	33
JE NE DORS PAS BIEN	41
JE ME LAISSE FACILEMENT SUBMERGER PAR LA COLÈRE	49
JE PENSE TROP	57
JE SUIS TROP DUR(E) AVEC LES AUTRES	65
JE NE CONSACRE PAS ASSEZ DE TEMPS À MES PROCHES	73
JE ME SENS EXTRATERRESTRE PARMI LES AUTRES	81
JE N'ARRIVE PAS À M'ORGANISER	89
JE NE SAIS PAS DIRE NON	97
JE ME SENS COUPABLE	105
J'AI TOUT CE QU'IL FAUT POUR ÊTRE HEUREUX(SE) MAIS JE NE LE SUIS PAS	113
JE NE PEUX M'EMPÊCHER DE ME PLAINDRE	121
JE NE SAIS PAS CE QUE JE VEUX VRAIMENT	129
JE NE SAIS PAS ME DÉTENDRE	137
JE NE SUIS NI L'ENFANT NI LE PARENT IDÉAL	145
JE SUIS HYPERSENSIBLE, COMMENT FAIRE ?	153
JE ME SENS IMPUISSANT(E)	161
JE N'AIME PAS MON CORPS	169
REMERCIEMENTS	177

INTRODUCTION

Il y a une dizaine d'années, nous devions être en 2013 ou en 2014, j'avais déjeuné avec une journaliste que j'appréciais mais avec qui j'avais des rapports compliqués : elle me boycottait. J'avais provoqué cette rencontre dans l'intention d'abattre ce mur qui nous séparait. D'emblée, je lui en avais parlé. Sa réponse avait été limpide : « Je ne comprends pas le message que tu véhicules, ni où tu veux en venir. En fait, c'est quoi ton truc ? »

Elle avait été sincère, je devais l'être aussi. Je me suis tu quelques secondes pour réfléchir à ma réponse, mais celle-ci a fusé, comme si elle sortait de mes tripes, sans même que j'aie le temps d'y penser : « Mon message tient en quatre mots : foutez-vous la paix. » Ayant l'habitude d'un langage plus châtié, je fus étonné par ma propre réponse. Elle-même interloquée, elle me demanda ce que cela signifiait. Là aussi, je n'ai pas eu besoin de réfléchir : « Tu te fous la paix quand tu relâches la pression, quand tu arrêtes de te torturer, d'être obsédée par des objectifs qui t'instrumentalisent. Et c'est alors que tu peux les atteindre, que tu peux accomplir ce que tu veux accomplir, réussir ce que tu veux réussir, transformer ce que tu veux transformer. »

Enseignant en méditation, je me heurtais à cette époque à un problème : les « je n'y arrive pas » que j'entendais trop souvent. J'avais beau expliquer qu'il n'y a pas d'objectif à atteindre, que la méditation ne consiste qu'à rencontrer ce que l'on est, sans jugement, plus de la moitié n'y parvenait pas. Ils finissaient par abandonner la pratique, et je vivais chacun de ces abandons comme une claque dans la figure.

« Foutez-vous la paix » m'est revenu quelques semaines plus tard, lors d'une conférence que je donnais, toujours autour de la méditation. J'avais proposé à la salle un exercice simple, beaucoup n'y arrivaient pas. J'ai donc repris l'exercice en édictant, en guise de consigne : « Foutez-vous la paix ! » L'effet fut radical. Brusquement, une sorte d'intuition est venue à ceux qui n'y arrivaient pas : ils ont enfin compris ce que je ne cessais pourtant de leur répéter, à savoir qu'il n'y avait rien à réussir, seulement à pratiquer.

À partir de cette expérience, je me suis rendu compte que je touchais à un problème fondamental de nos sociétés, un problème qui va bien au-delà de la seule pratique de la méditation. De fait, nous vivons en permanence sous le régime de l'évaluation et du jugement, nous craignons toujours de « mal faire » et sommes obnubilés par l'idée de « réussir » ce que nous faisons, qu'il s'agisse d'être parent ou de boucler un dossier urgent. Ce régime exclusif et, avec lui, notre peur fondamentale de ne pas être à la hauteur, finissent par nous ronger jusqu'à nous rendre impossible la capacité de nous foutre la paix et d'être heureux.

Un troisième épisode a été déterminant dans la construction de *Foutez-vous la paix !* : le burn-out d'un ami proche. Dans les semaines qui avaient précédé son effondrement, je le voyais évoluer dans une tension, dans une fébrilité dont il n'était pas conscient. Il n'entendait plus rien de ce qu'il pouvait ressentir, il n'entendait pas non plus les mises en garde de ses proches. Pris par ses objectifs, il s'était coupé de lui-même et du monde. Il souffrait de vouloir trop bien faire… et il ne savait pas qu'il souffrait. Il mit deux ans à remonter la pente.

De plus en plus de personnes vont mal, sont angoissées, stressées, déprimées. Avant de chercher la cause de leur souffrance, on leur applique des remèdes qui, forcément, ne fonctionnent pas – comme si l'on voulait réparer une fuite d'eau sans déterminer son origine. On les soupçonne même de manquer de volonté, de ne pas se contrôler, de ne pas faire d'efforts, de ne pas gérer assez bien ceci ou cela. On les rend coupables alors qu'elles sont victimes de la pression qu'elles se sont imposée, de leur auto-instrumentalisation qui leur a fait perdre tous leurs moyens.

Peu après, j'ai commencé à rédiger *Foutez-vous la paix !*, mais en excluant de donner ce titre à l'ouvrage : philosophe, enseignant, je ne pouvais pas me livrer à une telle trivialité. Autour de moi, beaucoup en ont convenu et m'ont suggéré de recourir à la notion de lâcher-prise. Lâcher prise ? Ce mot suffit à me rendre fou. Lâcher prise participe de la pression culpabilisatrice. Lâcher prise sous-entend que l'on est coupable : d'avoir des émotions, de pas être toujours d'humeur égale, d'être relié à nos forces de vie. Or, je ne suis pas coupable de me mettre en colère. En fait, « foutez-vous la paix » ne pouvait pas se dire autrement…

Ma conviction s'est renforcée quand je me suis souvenu d'un épisode que j'avais vécu à quatorze ans. Étais-je vraiment singulier ? En tout cas, mes parents ne me comprenaient pas. Ils étaient mal à l'aise avec mon hypersensibilité, je me sentais moi-même toujours en faute, mauvais à l'école, subissant en permanence la pression du « peut mieux faire ».

À cette époque, je ne voyais pas souvent mon grand-père qui vivait dans sa campagne reculée. J'étais en vacances chez lui quand, un jour, il est entré dans ma chambre, m'a regardé avec une énorme tendresse, m'a interrogé sur ce que j'étais, ce que je faisais, sans avoir de projets ni de but pour moi, juste dans le bonheur de me rencontrer. Pour la première fois, quelqu'un me regardait comme celui que j'étais. Comme un être humain. Et pour la première fois, sans comprendre ce qui m'arrivait, sans réussir à nommer ce que j'expérimentais, je me suis foutu la paix. J'ai ressenti un apaisement profond qui a été décisif dans la suite de mon parcours.

À sa sortie, *Foutez-vous la paix !* a eu un immense impact, en France et dans les nombreux pays où ce livre a été traduit. Avec le recul, je comprends que j'avais bousculé un tabou. J'étais sorti du raisonnement binaire qui ne reconnaît que la pression ou le laxisme et qui désigne comme coupables ceux qui ne s'y reconnaissent pas et qui forment en réalité l'écrasante majorité. J'avais ouvert une troisième voie qui n'est ni la volonté crispée de réussir en se forçant, en se poussant, ni la démission ou le lâcher-prise. Se foutre la paix est une complète autre manière de se relier aux problèmes pour les transformer.

Les conférences que j'ai données, les séances de dédicaces qui ont été partout organisées, m'ont permis de rencontrer de « vraies gens ». Des victimes de la pression sociale et de celle du management, qui se sentaient coupables, qui s'en voulaient et qui entendaient pour la première fois une parole déculpabilisante. J'ai mesuré l'ampleur de la souffrance qui nous est infligée par la pression, par les « il faut », par l'impossibilité que nous avons d'être d'assez bons parents, d'assez bons enfants, d'assez bons employés, d'assez bons chefs, d'assez bons amis.

J'ai passé des mois à entendre ces souffrances et à confronter mon analyse sociale et philosophique à la réalité de ce que j'entendais sur le terrain. J'en ai été commotionné.

J'ai pris conscience du poids de certaines injonctions que nous subissons au quotidien, sans nous rendre compte de leur perversité :

- Les injonctions impossibles qui sont la négation de ce que nous vivons : « gère ton stress », « fais ton deuil », « pense à autre chose »...

- Les injonctions des autres, celles de nos parents, de la société, qui n'ont rien à voir avec ce que je suis mais qui nous poussent à nous en vouloir parce qu'on a étudié la philosophie plutôt que les mathématiques, parce qu'on préfère les vacances au calme plutôt qu'en bande, parce qu'on n'est pas dans ce qu'ils nomment « la norme »...

- Les injonctions paradoxales où l'on nous demande à la fois la chose et son contraire : « sois efficace mais détends-toi », « sois agressif mais bienveillant », « sois ambitieux mais ne fais d'ombre à personne », « propose des changements mais qui ne font pas de vagues », « œuvre pour le changement climatique mais continue à consommer pour faire fonctionner l'économie ». Celles-ci nous rendent fous parce qu'il est impossible d'y répondre.

À partir de là, j'ai voulu comprendre le cœur du mécanisme de « se foutre la paix ». Dans le premier livre, je proposais une vision, une autre perspective de la vie, partant d'une expérience humaine fondamentale : arrêter de vouloir être parfait, arrêter de vouloir être calme... Il me fallait aussi trouver une méthode pour comprendre comment faire dans toutes les situations, c'est-à-dire pour se foutre effectivement la paix.

J'ai assis ma méthode sur les vingt situations les plus récurrentes dans les discours qui me parvenaient. Mais cette méthode dépasse ces seules situations : elle s'applique à toutes les situations de la vie. C'est pourquoi je vous encourage à lire tous les chapitres, y compris ceux qui ne vous concernent pas directement, et à vous entraîner à tous les exercices dans l'objectif d'apprivoiser le fonctionnement très singulier de cette approche.

Mon souhait le plus cher est de mettre fin à cet adage que nous avons intégré : « Qui veut, peut. » Il est faux et nous le savons d'instinct ! Nous savons qu'il ne suffit pas de dire à une personne énervée de se calmer pour qu'elle se calme, ni à une personne angoissée de voir la vie positivement pour qu'elle cesse de s'angoisser, ni à un hypersensible de cesser de prendre les choses à cœur pour qu'il devienne un chantre du détachement. Non seulement ces stratégies de contrôle ne fonctionnent pas, mais en plus, elles nous enferment et nous empêchent d'avancer.

La méthode Foutez-vous la paix ! est un changement d'ordre, de cadre pour nous libérer de tous ces mécanismes inconscients que nous ne voyons pas mais qui nous ruinent en sapant nos forces, notre confiance, notre courage et en nous faisant perdre tous nos moyens.

Se foutre la paix, c'est se mettre en rapport avec ses propres atouts, avec ses propres forces dont on ne soupçonne pas l'existence. Et c'est le cœur de cette méthode.

Bonne lecture !

JE VIS SOUS PRESSION

LA SITUATION

Tu crois que tu dois répondre à tout ce qui t'est demandé – ou à tout ce que tu crois qui t'est demandé. Tu cours, tu cours, mais ta to-do-list ne s'épuise jamais : le travail, les mails, les enfants, le dîner, le linge, le lave-linge en panne, le coup de fil qu'il fallait passer à une amie mal en point... **Tu es en frustration parce que tu ne peux pas tout faire**, ni a fortiori tout bien faire.

LES MAUVAISES STRATÉGIES

1 - Tu décides d'y aller quand même : tu vas lutter, te lever plus tôt, avancer plus vite, zapper le coiffeur ou la série télé (et t'épuiser encore plus).

2 - Tu lâches l'affaire, tu démissionnes.

Ces deux solutions ne marchent pas. La pression est de plus en plus forte sur toi, tu te sens de plus en plus mal. Tu t'épuises.

FOUS-TOI LA PAIX !
ET ACCEPTE DE NE PAS ÊTRE PARFAIT

- Faire tout le mieux possible ne signifie pas être parfait en tout.

- Personne ne réalise TOUT à la perfection.

- Ce n'est ni en démissionnant, ni en prenant sur toi et en continuant à foncer que tout ira mieux.

- La clé est dans un changement de régime : il y a l'essentiel, et puis tout le reste...

Ma devise

Je cesse de me maltraiter : ce n'est pas en me mettant davantage de pression que je vais y arriver.

À TOI DE JOUER !

1 **Décrispe-toi !**
À quels moments de ta journée te sens-tu le plus sous pression ? Y a-t-il des situations qui te crispent davantage ? *Le matin au réveil ? En rentrant le soir chez toi ? Au travail ? Les week-ends ?*
Liste-les :

....
....
....
....
....
....
....
....
....

En prendre conscience est l'action de base que tu dois mener dans la perspective de réussir à te foutre la paix. Tu cesses de nier ce que tu vis et de t'instrumentaliser.

2. Exploration corporelle

Nous avons tellement intégré la pression que nous ne nous rendons pas compte de sa présence qui nous pollue. Prends le temps de te poser, de t'écouter, de la reconnaître. Au besoin, ferme les yeux : quelle est la partie de ton corps où tu ressens le plus cette pression ? *Les mâchoires, les épaules, le ventre, les jambes, le thorax ?*
Dessine-la en montrant bien la « boule » qui fait pression. Lâche-toi, tu n'es pas en train de tester tes capacités artistiques !

Le but de cet exercice n'est pas de « soigner » la zone concernée, mais juste d'identifier cette partie de ton corps. De la reconnaître. C'est un pas de géant !

Je vis sous pression

3. La pause intentionnelle

La pression est à son maximum sur toi. Tu vas prendre le contre-pied de la situation... et t'arrêter net pour t'offrir une pause intentionnelle de quelques minutes.

- Pose-toi : dans ton fauteuil, sur ton lit, par terre. Tu es libre de choisir. N'essaye pas de te calmer, de te détendre, autorise-toi simplement à être là, sans aucun but.

- Ne panique pas, tu n'es pas en train de perdre ton temps !

- Commence par écouter tous les sons auxquels tu ne fais généralement pas attention : le gazouillis d'un oiseau, des enfants qui courent dans la rue, la machine à laver...

- Autorise-toi quelques minutes durant lesquelles tu ne mets plus de l'huile sur le feu. Tu es en train de reprendre contact avec ton pouvoir d'être.

Le but de cette pause est d'introduire un grain de sable dans le rouage qu'est devenue ta vie, dans lequel tu es enfermé(e) et où, de toute manière, tu te sens toujours coupable. La pression t'aveugle, elle t'empêche de voir les priorités.

4. La joie du renoncement

Tu as pris la mesure de la pression que tu subis. Pour diminuer l'intensité de cette pression et accélérer ainsi le changement de régime, tu vas, même si cela te coûte, accepter de renoncer à certaines choses (*zapper de temps en temps la préparation du dîner diététique et commander des pizzas, ne pas répondre aux mails à des heures indues…*). Dresse une première liste que tu pourras compléter au fur et à mesure que tu découvres d'autres actions auxquelles tu peux renoncer de temps en temps.

....
....
....
....
....
....
....
....
....
....

Si cela t'aide, confronte ta liste avec celle d'un ou d'une ami(e) : pour vous deux, ce sera la source de nouvelles idées.

JE NE M'AIME PAS

LA SITUATION

Tu te trouves moins futé(e) que tes collègues, moins débrouillard(e), jamais assez bien habillé(e), trop gros(se) ou trop maigre, trop timide ou trop exubérant(e). Bref, **tu ne corresponds pas à ce que tu crois que tu devrais être ou à ce que tu voudrais être**. Et tu te persuades que tu trouverais le bonheur en te débarrassant de ces singularités qui t'empêchent d'être aussi parfait(e) que les autres.

LES MAUVAISES STRATÉGIES

1 - Tu voudrais prendre une gomme et effacer toutes les couleurs, tous les tracés qui font ta singularité.

2 - Tu rentres dans ta coquille, tu renonces. Tu penses que tu es condamné(e) à être cette personne insatisfaisante, décevante, que tu crois être. Tu te transformes en petite souris.

La preuve que ces deux solutions sont vaines, c'est que tu continues à... ne pas t'aimer. En fait, tu t'aimes de moins en moins et tu te considères comme irrécupérable.

FOUS-TOI LA PAIX !
ET RENCONTRE CE QUE TU ES

- Ne cherche pas à t'aimer ! C'est une injonction impossible et terrorisante.

- As-tu conscience de la pression que tu fais peser sur toi en te posant ce challenge abstrait et carrément dingue ?

- Et si tu essayais d'explorer le paysage que tu es avant de commencer à le condamner ?

- Prends le risque de te rencontrer sans te juger, de partir dans une aventure qui ne consiste pas à s'aimer mais à changer le regard que l'on porte sur soi. C'est cette méthode que j'entends te délivrer.

- Je vais t'aider à t'approprier cette clé : ce n'est pas en menant la guerre contre ses caractéristiques que l'on gagne, mais c'est en les aimant.

Ma devise
Je ne vais pas chercher à m'aimer, mais je suis prêt à explorer ce que je suis en train de vivre, de sentir, ici et maintenant.

À TOI DE JOUER !

METTRE FIN À LA GUERRE CONTRE SOI

1. La liste de mes failles

Dresse la liste de tous les reproches que tu t'adresses (*je suis trop gros, trop moche, trop angoissé, pas assez cool...*).

....
....
....
....
....
....
....
....
....

Reprends ta liste. Arrête-toi à chaque reproche et pose-toi systématiquement cette question : « Faut-il, pour être aimé, être (nomme ici le reproche : moins gros, moins angoissé...) ? » Et réponds honnêtement !

....
....
....

2 Aimer même ses défauts

Reviens à la liste précédente et relève ce que tu considères être tes trois principaux défauts. Écris-les ici, dans la première colonne :

Dans la seconde colonne, note, en face de chaque défaut, le nom d'une personne qui t'est chère et qui porte ce même défaut.

Maintenant, interroge-toi : ce défaut a-t-il jamais été une raison pour que tu cesses d'aimer cette personne ?

Je vais t'aider à aller plus loin. Note ci-dessous une situation dans laquelle ces personnes ont manifesté le défaut qu'elles partagent avec toi, ce qui t'a amenée à sentir ton cœur se remplir de tendresse à leur égard à cause, justement, de ce défaut.

3 Le carré magique

Munis-toi de crayons de couleur.

Qui est la personne qui t'est la plus chère ? Dessine, dans le carré ci-dessous, tout ce que tu n'aimes pas en elle (*par exemple, des hachures bleues pour sa timidité, une trace noire pour son petit bedon, un gribouillage rouge pour son impulsivité ou sa rigidité...*).

Et toi, pourquoi ne t'aimes-tu pas à cause de ces défauts qui te rendent pourtant l'autre aimable ?

La pratique de la grande tendresse
Nous allons méditer ensemble.
- Pose-toi là où tu en as envie : sur une chaise, un canapé, sous un arbre, sur un coussin...
- Prends le temps de te sentir bien. Peu importe si ton dos est droit ou pas : l'essentiel est que tu prennes le temps de te poser pour de bon.
- Évoque l'une de tes caractéristiques qui te pèse le plus et que tu aimerais effacer : *ton angoisse, tes peurs, tes kilos en trop...*
- Laisse tomber le jugement que tu portes sur cette caractéristique et toutes les étiquettes qui l'accompagnent. Aie juste le courage de sentir ce que tu sens, sans rien faire, en te foutant la paix. *Contente-toi de constater : « Je suis timide. »*
- Une fois que tu as laissé tomber les jugements, tu peux te découvrir capable d'éprouver de la tendresse pour cette caractéristique que tu appelles un défaut !

En baissant les armes et en abandonnant la guerre que tu mènes contre toi et qui t'aveugle, tu vas naturellement trouver ce que tu peux réellement accomplir pour réapprendre à t'aimer. Ce n'est pas en continuant de t'insulter que tu pourras avancer vers une solution réelle...

J'AI LA TÊTE EN L'AIR

LA SITUATION

Tu as invité des amis chez toi, à la campagne. Le matin, au petit-déjeuner, tu réalises... que tu as oublié d'acheter du café. Tu en as marre d'être tête en l'air, de perdre tes clés, de ne pas avoir bonne mémoire. Tu en as assez de toujours zapper, d'être souvent perdu(e). **Tu passes ton temps à avoir honte de ce que tu es et à lutter contre toi-même.** Tu t'en veux en permanence.

LES MAUVAISES STRATÉGIES

1 - Tu te dis que tu as un problème et tu te mets la pression pour rester « conscient(e) » et ne rien oublier.

2 - Tu t'isoles, tu brises les liens avec les autres – parce qu'il n'est pas facile d'être tête en l'air, de toujours oublier, de ne pas savoir suivre une conversation sans se laisser disperser.

3 - Tu essayes de trouver des solutions extérieures : ton sommeil, compléments alimentaires, place de ton fauteuil. Mais elles n'ont rien à voir avec ton « problème ».

Tu tentes ces stratégies depuis des années. Or, bien sûr, elles ne donnent pas de résultats. Tu en es d'autant plus culpabilisé(e). Tu te sens faible, sans ressources. Tu perds confiance en toi.

FOUS-TOI LA PAIX !
ET CESSE DE T'EN VOULOIR

- Plus tu veux arrêter d'avoir la tête en l'air, plus tu te sens perdu(e).

- Tant que tu ne feras pas la paix avec ce que tu es, tu continueras de souffrir.

- Essaye, juste essaye, d'arrêter de t'en vouloir, de te condamner, de te mettre la pression. Ce n'est pas facile, je le sais, mais ce n'est pas irréalisable non plus. Tel est le cœur de la méthode *Foutez-vous la paix !* qui consiste à faire la paix avec soi, sans condition.

- Tu as en toi des ressources que tu ne soupçonnes pas. Tu ne vois de ta personne que le côté pile. Je vais t'aider à découvrir le côté face.

Ma devise

Il existe des solutions pour vivre heureux en étant parfois tête en l'air.
En revanche, il n'en existe pas pour effacer cette caractéristique – qui a par ailleurs beaucoup de vertus.

À TOI DE JOUER !

JOUIS D'ÊTRE DANS LES NUAGES !

1. Du bonheur de se perdre

Pendant deux minutes, laisse-toi être complètement perdu(e). Accueille ton besoin profond de t'évader.

Commence par rencontrer ta manière de t'absenter, d'être dans les nuages. Pour la première fois, tu ne la vivras pas sur le mode d'un défaut, mais sur celui d'une expérience.

Tu as le droit d'être comme tu es. Laisse tomber tout jugement. Accorde-toi le droit d'être encore plus perdu(e), encore plus égaré(e).

Vis pleinement le soulagement que tu es en train d'éprouver grâce à cet exercice.

Tu viens de te rendre compte qu'il n'est pas si honteux, si terrible, si grave d'avoir la tête dans les nuages. Voire que cela te fait même du bien. Alors, pourquoi t'en veux-tu ? Laisse la vie revenir à toi et d'autres facettes de ta personne se révéleront.

Tu seras d'autant moins perdu(e) dans ta vie que tu t'autoriseras des moments similaires où tu acceptes d'être effectivement perdu(e).

2 Reviens à ton corps

Quand il t'arrive, dans le courant d'une journée ordinaire, de te sentir complètement perdu(e), ne sachant plus quoi faire, ni où tu en es, ne te bats pas contre toi mais profites-en pour réaliser cet exercice.

- Assieds-toi confortablement, les pieds posés à plat sur le sol. Accorde-toi quelques instants pour bien ressentir le contact de tes pieds avec le sol.
- Raccroche-toi à cet élément physique, bien tangible, qui t'ancre dans la terre. Très vite, tu cesses de te sentir comme un ballon perdu dans les nuages.
- Concentre-toi maintenant sur le poids de ton corps. Le sens-tu lourd ? Très lourd ?
- Reviens à toi. Ressens la solidité du sol, son contact avec la plante de tes pieds, la chaleur et la douceur que ce contact te procure.

Cet exercice est une méthode très simple mais radicale pour te sortir en quelques minutes du brouillard. La clarté t'est à nouveau donnée.

3 Ancre-toi

Certaines activités toutes simples, de petites choses sans importance, ont le pouvoir de t'aider à t'ancrer. Elles te redonnent corps. Je t'en ai dressé une liste que tu pourras compléter si tu le souhaites.

Entoure les activités qui pourraient te plaire :

- Marcher pieds nus.
- Laver la vaisselle.
- Jardiner.
- Repasser.
- Dépoussiérer une pièce ou un meuble chargé en objets.
- Réparer un objet.
- Sauter à la corde.
- Éplucher des légumes.
- Jouer aux cartes ou à des jeux de société comme le Monopoly ou le Uno.
- Préparer une recette de cuisine que tu connais.
- Choisir un fruit et le déguster.
- Coudre ou tricoter.

En transformant les « petites choses » que tu as cochées en routines, tu disposeras de nouvelles ressources qui t'aideront à t'ancrer.

Rassemble la terre et le ciel

Trace ou dessine, dans la partie supérieure de ce cercle, un élément qui représente, pour toi, le fait d'être en rapport au ciel, c'est-à-dire à la fois un peu perdu, mais aussi ouvert et spacieux. Il peut s'agir d'un trait, de nuages, de points…

Dans la partie inférieure du cercle, trace ou dessine ce qui, pour toi, représente la terre, l'ancrage, la solidité, le concret.

Maintenant, relie la terre au ciel par un trait.

Tu n'as pas besoin de te couper du ciel, des nuages, pour être là. Il te suffit de les relier à la terre. En réconciliant ces deux niveaux, tu te réconcilies avec toi-même.

JE NE DORS PAS BIEN

LA SITUATION

Tu n'arrives pas à t'endormir : les idées tournoient dans ta tête, tu te réveilles au milieu de la nuit, tu es épuisé(e) mais, malgré tous tes efforts, le sommeil ne vient pas. Tu ressens ce manque pendant la journée, tu te traînes, tu es fatigué(e), tu n'as pas bonne mine, tu attends la nuit. Mais, alors même que tu bâillais une demi-heure plus tôt, une fois au lit, « ça » recommence. **Tu t'en veux, tu te sens victime d'un mauvais sort.**

LES MAUVAISES STRATÉGIES

1 - Tu te prépares à bien dormir : tu calfeutres ta chambre et tu fermes les rideaux, tu éteins tes écrans... mais ça ne marche pas.

2 - Tu testes toutes les recettes des magazines : les tisanes, l'homéopathie, les massages, en vain.

3 - Ta solution ultime : tu essayes de lâcher prise, d'arrêter de penser, de te calmer... et tu finis par t'énerver.

Tu ne dors toujours pas, et c'est logique : les solutions que tu mets en œuvre ne font qu'accroître la pression que tu exerces sur toi. Tu te donnes un ordre... auquel tu ne peux pas obéir.

FOUS-TOI LA PAIX !
ET ARRÊTE DE LUTTER POUR T'ENDORMIR

- Arrête de vouloir contrôler ton sommeil, tes pensées, ta vie tout entière : c'est le meilleur moyen de ne rien réussir à contrôler.

- Tu l'as remarqué : plus tu veux dormir et tu fournis des efforts en ce sens, moins tu y parviens.

- Le sommeil n'est pas une question de volonté, au contraire : l'endormissement est toujours involontaire. Le marchand de sable n'obéit pas aux ordres. Apprends plutôt à créer un espace qui lui donnera envie de venir.

- Pour réussir à dormir... cesse de te forcer à t'endormir. Fous-toi la paix... et le sommeil viendra.

Ma devise
Face au sommeil, l'esprit conscient et la volonté ne sont rien d'autre que des tonnes d'huile versées sur le feu.

À TOI DE JOUER !

NE PENSE PLUS À DORMIR !

1. L'enveloppe magique

Avant d'aller au lit, prends deux minutes pour noter, sur une feuille de papier, tout ce que tu n'as pas achevé aujourd'hui et que tu devras terminer demain. Toutes ces tâches qui te hantent.

Plie le papier, mets-le dans une enveloppe et ferme-la.

Peu importe où tu déposes cette enveloppe : en notant tes préoccupations, sans le vouloir, tu t'es rassuré(e) : tu ne vas pas les oublier.

Mais ce soir, tu ne vas pas t'en occuper.

Le lendemain matin, tu pourras ouvrir l'enveloppe et repartir de zéro, l'esprit frais.

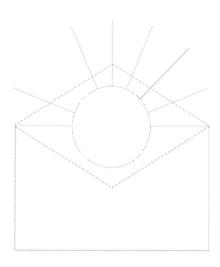

2. Le pouvoir de l'imagination

Pour accélérer les battements de ton cœur, il ne suffit pas de t'en donner l'ordre. En revanche, si tu penses à une personne, à une situation qui te fait très peur ou qui t'inquiète, tu as plus de chances d'y parvenir. Il en va de même pour le sommeil. Pour t'endormir, nous allons donc utiliser un chemin de traverse...

- Pense à tes problèmes, fais-les défiler dans ton esprit.
- Saisis-toi de chaque problème et imagine que tu le mets dans un sac. Certains pèsent lourd, d'autres sont plus légers. Dépose ces sacs, l'un après l'autre, au pied de ton lit.

Tu ouvres ainsi l'espace à l'arrivée du marchand de sable.

Si cette technique ne fonctionne pas, c'est parce que tu as été trop vite. Recommence l'exercice en prenant le temps de mettre chaque problème dans un sac, de peser le sac, de le fermer puis de le déposer au pied du lit.

Tu n'as pas annulé le problème, mais tu l'as rangé et tu le retrouveras demain, sans qu'il t'ait inutilement pollué toute la nuit.

3) Allonge-toi !

Ton corps a besoin de dormir et il le sait. Ton esprit le lui interdit parce qu'il est traversé par toutes sortes de pensées. Or, le pouvoir de dormir est déjà là, en toi, dans ton corps. Tu n'as pas besoin de lutter pour qu'il triomphe.

- Allongé(e) dans ton lit, reviens à des sensations corporelles.
- Intéresse-toi à chaque partie de ton corps, successivement.
- Sens tes pieds, leur lourdeur qui les enfonce dans le matelas.
- Remonte lentement. Sens le poids de tes mollets, puis de tes cuisses, de tes fesses, de ton dos, de tes bras... et sans doute que tu seras endormi(e) avant d'arriver à la tête.

Attention, tu n'obtiendras de résultats qu'à la condition de réaliser cet exercice pour l'exercice, et non dans l'objectif de dormir... qui est, en soi, une pensée polluante pour ton esprit.

4. Les cinq doudous

Allongé(e) dans ton lit, visualise cinq objets, très en détail. Des objets que tu aimes. J'effectue assez souvent cet exercice et je connais mes cinq objets préférés : un mimosa, une poire, une fraise, un livre que j'aime, une bouteille d'eau. Je m'intéresse à leurs moindres détails : la couleur, le poids, les motifs... et je les fais dérouler à deux, trois reprises, dans le même ordre.

Note ici les cinq objets qui seront tes doudous ou, mieux encore, dessine-les schématiquement pour t'habituer à les évoquer et mémoriser la séquence.

....

....

....

....

Cet exercice consiste à faire diversion : en te concentrant sur ces objets, tu occupes ton esprit qui t'empêche de dormir et tu le détournes. Ton corps est enfin libre de sombrer dans le sommeil.

JE ME LAISSE FACILEMENT SUBMERGER PAR LA COLÈRE

LA SITUATION

Elle explose pour des raisons qu'on dit « sans raison » : face au collègue qui s'adresse avec condescendance à la stagiaire, au réceptionniste qui rit au téléphone sans un regard pour vous qui attendez, à celui qui court-circuite la queue. La colère monte en toi et tu ne peux pas la retenir. Après, tu regrettes : de t'être donné(e) en spectacle, d'avoir montré une face négative de ta personnalité...

LES MAUVAISES STRATÉGIES

1 - Tu t'en veux et tu essayes de te calmer, de te contrôler, de lâcher prise, de ne plus être en colère. Tu es persuadé(e) que si tu y parviens, tu seras une personne plus aimable, plus sympathique, « quelqu'un de bien ».

2 - Tu ne t'interroges pas, tu pars de l'idée que tu as raison d'être en colère, tu alimentes celle-ci en la justifiant par un discours sans fin (« Il est nul », « c'est une honte », « il ne faut pas laisser passer »...). Tu alimentes ainsi ta colère et elle devient incontrôlable.

Ces deux pseudo-solutions sont aussi radicales l'une que l'autre, et c'est pour cette raison qu'elles ne peuvent pas fonctionner.

FOUS-TOI LA PAIX !
ET ÉCOUTE CE QUE TE DIT TA COLÈRE

• Étape n°1 : arrête de t'en vouloir. Une colère peut être saine. Les plus grands sages ont piqué des colères nécessaires !

• Tu es prisonnier(e) de l'idée que le contraire de la colère, c'est le calme. Or son contraire est la justesse et la justice.

• Ce n'est pas en entrant en colère contre ta colère que tu la dépasseras.

• Pour ne pas te laisser consumer par ta colère, il te faut d'abord la rencontrer, l'écouter telle qu'elle est, avant de la juger.

• La plupart du temps, tu n'es pas en colère parce que tu es confus(e) et fautif(ve), mais parce que tu vois clair et que tu perçois ce qu'il y a d'injuste et de faux dans la situation.

• La manière dont ta colère s'exprime est peut-être fausse, mais ta colère, elle, n'est pas forcément fausse.

Ma devise
Je vais d'autant moins me mettre en colère que j'ai respecté la colère qui m'habite.

À TOI DE JOUER !

1. Le cercle de feu

Dessine dans ce cercle… ta colère. Ne réfléchis pas, reçois la première image qui te vient à l'esprit et donne forme à cette colère (avoir un peu d'humour ici n'est pas un problème !). *Sera-t-elle un affreux gribouillis ? Aura-t-elle l'allure d'une épée, d'une bombe, d'un porc-épic ?*

Le but de cet exercice est de dire bonjour à ta colère telle que tu l'as dessinée. Tu as établi un contact avec elle, et ce contact dissipe la peur. Tant que tu as peur de ta colère, tu ne peux pas développer une relation plus apaisée avec elle.

2. Ce que cache ta colère

Souviens-toi d'une colère que tu regrettes.
Dans la partie A, note les circonstances dans lesquelles elle s'est déclenchée : situation, personnes impliquées...
Dans la partie B, écris un seul mot : quelle est l'émotion principale que tu as ressentie derrière ta colère ? De quoi était-elle le porte-parole ? *De la peine ? De la peur ? De l'injustice ? De l'humiliation ?*

A | B

Une colère cache souvent autre chose que le seul énervement. En prendre conscience est un soulagement. Par exemple, tu n'es pas en colère parce que ton conjoint n'a pas mis en marche le lave-vaisselle, mais parce qu'il s'en décharge toujours sur toi. La prochaine fois, tu reconnaîtra cette émotion initiale... et tu pourras avoir une attitude plus juste.

3. Ne pas s'identifier à ta colère

Tu es en colère, ou bien tu viens de te mettre en colère ? Prends un moment pour t'asseoir et observer ta colère. Remarque qu'elle n'est pas statique : comme toute émotion, elle enfle, redescend, regrossit, va, vient...

Regarde-la attentivement se transformer. Ne la juge pas, ne la rejette pas, contente-toi d'observer sa manifestation en toi, comme tu le ferais pour des nuages qui se déplacent dans le ciel et changent de forme en permanence.

Tu continues à l'observer ? Tu as déjà compris un point essentiel : si nous sommes responsables de nos actions, nous ne le sommes pas des émotions qui viennent en nous.

Qu'est-ce que ma colère me demande pour être apaisée ?

Retourne au dessin que tu as réalisé dans l'exercice n° 1. Adresse-toi à la forme que tu as dessinée, quelle qu'elle soit. Demande-lui de quoi elle aurait besoin pour être apaisée : *de tendresse, d'affection, de silence, de réconfort ? D'eau, de chaleur, de fraîcheur, de vent ?*

Prends un moment pour laisser ce que tu as invoqué agir et dissoudre à sa manière la colère qui est en toi.

Redessine dans le carré ci-dessous ta colère après qu'elle a été apaisée.

JE PENSE TROP

LA SITUATION

Dans ta tête, ça ne s'arrête jamais. **Parfois, tu voudrais débrancher ton esprit,** mais tu es pris(e) dans un cercle vicieux de ruminations. Avant un rendez-vous, tu réfléchis à toutes les possibilités, tu anticipes ce qu'il va se passer. Tu n'as pas un moment de répit : même lorsque tu manges ou te promènes, tu dresses des plans, tu t'interroges, tu doutes, tu ressasses des problèmes réels ou hypothétiques.

LES MAUVAISES STRATÉGIES

1 - Tu voudrais, par la pensée, arrêter les pensées. Mais tu n'arrêtes rien, au contraire : tu rumines le fait que tu penses trop et tu te sens encore plus mal, tu développes une forme de ressentiment, de frustration contre le fait que tu penses.

2 - Tu tentes de nombreuses méthodes qui ne fonctionnent pas : pour essayer de te calmer, pour essayer de penser moins... Tu passes d'une méthode à l'autre en espérant trouver une solution technique pour cesser de penser.

Tu vois bien que ça ne marche pas ! Au contraire, les solutions que tu as mises en place alourdissent le problème puisque tu n'arrêtes plus d'y penser. Il envahit toute ta vie.

FOUS-TOI LA PAIX !
ET NE LAISSE PAS L'AFFLUX DE PENSÉES T'OBSÉDER

- En règle générale, plus tu penses et rumines un problème, moins tu as de chances de le résoudre.

- Tu t'enfermes pourtant dans cette logique parce que tu continues de croire qu'à force de penser à ton problème, d'anticiper toutes les possibilités, tu trouveras une solution.

- Un exemple : plus tu anticipes un rendez-vous, moins il y aura de probabilités qu'il se déroule comme tu l'avais prévu… et moins tu auras de présence d'esprit, voire de présence tout court, pour répondre à ce qui t'est demandé.

- Il te faut effectuer un pas de côté. Tu rumines ? Très bien, prends-en acte. Ce pas de côté instaurera tout de suite un peu d'espace entre toi et tes ruminations. Tu te rendras vite compte que la stratégie que tu adoptes depuis des années ne fonctionne pas. Je vais t'apprendre, dans les exercices qui suivent, à effectuer ce pas de côté.

Ma devise
Tu ne peux pas lutter contre les pensées avec la pensée.

À TOI DE JOUER !

1. Le pas de côté

Nous allons effectuer ensemble ce pas de côté qui te permettra d'observer tes ruminations telles qu'elles sont. Il ne s'agit pas de les juger, de les rejeter, mais simplement d'en dresser un constat d'huissier.

- Note les trois pensées qui te reviennent le plus souvent en boucle *(j'ai peur de ne pas y arriver, je n'ai pas réussi à faire ceci ou cela, j'ai mal réagi...)*

....

....

....

- Y a-t-il des situations où tu as tendance à ruminer davantage ces pensées ? *Quand tu es seul(e), en famille, au travail...*

- À l'inverse, y a-t-il des situations où tu cesses de les ruminer ? *Quand tu marches, quand tu fais une activité manuelle, quand tu réponds à un coup de fil...*

Avec cet exercice, tu sors du cercle vicieux de tes pensées, tu prends de la hauteur pour analyser le processus qui est tien. Tu n'es pas aussi prisonnier(ère) que tu le crois des ruminations.

2 Fous la paix à tes pensées !

Une question, un problème te tracassent, tu les ressasses et tu t'en veux ? Cette fois, laisse-toi aller à ressasser... en t'accordant 3 minutes (avec un chronomètre).

Note ce qui te pose problème, ce qui te blesse, ce dont tu as peur, en lien avec ce sujet.

....

....

....

....

....

L'exercice est terminé.

En mettant tes peurs, tes angoisses, sur papier, tu es passé(e) dans un mode actif de leur examen. Tu as reconnu leur existence et, plus encore, tu les as considérées avec respect au lieu de lutter contre elles. Tu as surtout mis de la distance entre vous : tu as cessé de fusionner avec elles.

Laisse passer une petite heure, voire une journée, et relis ce que tu as écrit. Avec cette distance, tu peux juger si ces peurs, ces angoisses sont légitimes ou non.

Souvent, les pensées qui nous hantent relèvent de blessures archaïques. En les notant, tu n'es plus enfermé(e) par elles.

3. Modifier une pensée abstraite en mode concret

Tu te dis que tu ne vas pas y arriver : à jongler avec ta famille tout en bouclant un dossier et en gérant toutes sortes de menus problèmes.

Là, ne pense pas à tous tes problèmes à la fois. Ne pense même pas à un problème entier : tronçonne-le.

Passe à l'action, un tronçon après l'autre. Plutôt que de te laisser paralyser par les « je ne vais pas y arriver », effectue un premier pas *(par exemple, rédige uniquement les dix premières lignes du dossier que tu as à remettre, ou bien trie le courrier sans t'occuper tout de suite d'y répondre...)*.

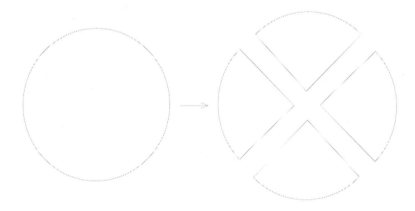

Tu as agi, et cela suffit pour sortir du ressassement qui débouche sur un sentiment d'impuissance chronique.

4 Descends la tête dans le corps

Quand on pense trop, on est piégé dans sa tête. Tout ce qui est sous le cou, dont le cœur, est absent, dans le brouillard. Parfois, on pense tellement qu'on oublie si on a faim, froid ou chaud. C'est le fonctionnement « par défaut » du cerveau. La bonne nouvelle est qu'il peut être intentionnellement perturbé.

Retourne à ton corps. Là, tout de suite.
Y a-t-il un endroit où tes sensations sont plus vives ? *(Tes pieds en contact avec le sol, ton bras avec le poids du vêtement, ton visage balayé par l'air vif...).*
Que ressens-tu exactement ? Une tension, un picotement, de la chaleur ? Explore cette sensation avec curiosité, sature-la comme si elle était une éponge et que tu la remplissais de l'eau de ton attention.

Tes sensations physiques te ramènent au présent. Qu'elles soient agréables ou inconfortables, elles sont une manière de revenir à la totalité de ton être. De ne plus te couper la tête...

JE SUIS TROP DUR(E) AVEC LES AUTRES

LA SITUATION

Tu trouves que ton fils ne travaille pas assez et tu le lui dis crûment. Au travail, des collègues passent leur temps à bavarder ; là aussi, **tu ne prends pas de gants**. Même avec tes amis, tu ne peux pas t'empêcher de pointer ce qui ne va pas et de le dire de manière directe, voire brutale. C'est ta manière d'être. On te dit cassant(e), dur(e)... et tu n'en peux plus de cette image qui ne correspond pas à ce que tu es vraiment. Tu t'en veux...

LES MAUVAISES STRATÉGIES

1 - Tu as blessé ton fils, tu as glacé tes collègues, bref tu as mis de l'huile sur le feu. Tu essayes de te justifier, de te dire que tu avais raison – ce qui est sans doute vrai. Mais en procédant ainsi, tu t'enfonces dans la dureté, tu la cultives.

2 - Tu essayes d'être adorable, donc de passer outre le problème, et tu tais ce qui était quand même important pour toi. Tu sens que tu te trahis, que tu trahis ton engagement.

Ces deux stratégies sont mauvaises et contribuent à t'isoler encore plus. Dans les deux cas, tu n'as pas rencontré ce qui te rend dur(e), et tu ne sais toujours pas comment te délivrer de cette image.

FOUS-TOI LA PAIX !
ET ÉPROUVE CE QUE CACHE TA DURETÉ

• Te foutre la paix, c'est rencontrer ce qu'il se passe en toi, ce que tu ressens. Quand tu as été dur(e), prends le temps d'examiner ce qui se cache derrière ta réaction : tu as eu peur pour ton fils, tu t'es inquiété(e) que le travail prenne du retard...

• En rencontrant ce que tu ressens vraiment, tu te donnes un espace de liberté pour ne pas reproduire la maladresse et trouver un autre moyen d'exprimer ce que tu penses. Tu changes d'ordre, de dimension. Tu n'es plus manipulé(e) par la situation, tu retrouves le contrôle.

• Au lieu de te contenter de t'en vouloir, rencontre ton besoin profond.

Ma devise
**Tu n'es pas une personne dure,
tu es juste une personne maladroite.**

À TOI DE JOUER !

1. Et si c'était de l'amour ?

Note une situation où tu t'en es voulu de ta dureté *(par exemple, ce jour où tu t'es emporté(e) contre ton enfant pour son insouciance quand il est à vélo)*.
Note la phrase, le mot ou l'action que tu regrettes le plus *(par exemple la gifle que tu lui as donnée)*.

....
....
....

Quel est le mot qui décrirait le mieux l'état dans lequel tu étais à ce moment ? *(énervé(e), en colère...)*

....
....
....

Ne te juge pas, ne t'en veux pas, explore la situation. Demande-toi simplement ce que tu as réellement exprimé à travers cette phrase, ce mot ou cette action.
Et si c'était juste ta peur de le perdre, donc ton amour pour lui ou pour elle ?
Dis-le-lui.

2 Repère ton insécurité intérieure

Quand on est dur(e) avec les autres, c'est souvent parce que l'on est prisonnier(ère) de réflexes archaïques de survie qui tiennent en trois possibilités : on fuit, on attaque, ou on reste sidéré. Toi, tu attaques.

Chaque fois que tu as fait montre de dureté, tu étais dans une insécurité que tu n'avais pas reconnue. Le processus s'est alors mis en œuvre.

Note ici deux situations où tu as été dur(e) et, en face, le danger que tu as ressenti sans te l'avouer (*danger de perdre ton enfant qui est étourdi, de perdre un marché à cause des bavardages de tes collègues, de rater un rendez-vous parce que la personne à l'accueil bavarde au téléphone...*).

....

....

....

....

À l'instant où tu repères ton insécurité, tu es libéré(e) de ta dureté.

Reprends cet exercice chaque fois que tu fais montre de dureté. Au lieu de te juger négativement, reviens à l'insécurité que tu ressens.

3. Le bon moment

Une fois que tu t'es familiarisé(e) avec l'exercice 2, tu peux passer à l'étape suivante qui consiste à revenir vers toi non plus après, mais au moment où tu sens que tu vas laisser jaillir un propos brutal ou une attitude cinglante.

Généralement, tu laisses fuser ce propos et tu t'en veux. Ou bien tu t'abstiens de l'exprimer et tu restes sur ta frustration. Or, toute chose peut être dite au bon moment, au bon endroit.

Tu as envie de dire à ton collègue qu'il ne peut pas continuer à commencer trop tard ses journées, ou à ton conjoint qu'il n'a pas vidé le lave-vaisselle depuis un mois ? Il est normal que tu t'exprimes, mais pose-toi d'abord ces deux questions :

1- Quel serait le meilleur moment pour lui en parler ?
2- Faut-il le faire de vive voix, par mail, par téléphone, seuls, en présence d'un témoin ?

En prenant le temps d'y répondre, tu vas, sans renoncer à ce que tu as à dire, tenir compte de l'autre personne et créer la possibilité d'une relation plus saine.

Le bon objet
Pense à trois personnes proches auxquelles tu n'arrives pas à exprimer ton affection. Inscris leurs trois noms :

....

....

....

Quel objet (réel ou symbolique) aimerais-tu leur donner pour symboliser l'affection que tu as pour eux et que tu ne sais pas exprimer ? *(des fleurs, une flamme qui représente la chaleur du cœur...).*
Dessine en face de chaque nom l'objet qui lui correspond.

Le sens de cet exercice est de te faire prendre conscience de l'existence d'une dimension supplémentaire dans ta relation aux personnes que tu chéris. Il te permet de te reconnecter à elles.

JE NE CONSACRE PAS ASSEZ DE TEMPS À MES PROCHES

LA SITUATION

Ta mère te réclame. Tes enfants trouvent que tu n'en fais pas assez pour tes petits-enfants. On te fait te sentir coupable de ne pas être toujours présent(e), disponible. Tu te sens dans une impasse : quoi que tu fasses, ce n'est jamais assez.

LES MAUVAISES STRATÉGIES

1 - Tu essayes de te rendre encore plus disponible. Mais cela ne change rien : on continue de te faire croire que ce n'est pas assez. Et tu continues de culpabiliser.

2 - Tu craques, tu es agressif(ve), avec ceux qui te sollicitent... et, par ricochet, avec tout le monde. Tu as le sentiment que personne ne te comprend.

3 - Tu démissionnes, tu ne réponds plus, mais tu es rongé(e) par la culpabilité. Tu ne profites même pas du fait que tu aies pris de la distance : tu te sens encore plus coupable.

Toutes ces solutions ne font que te coincer davantage dans ta culpabilité et dans l'inefficacité puisque, quoi que tu fasses, ce n'est pas assez et ton vis-à-vis se sent frustré. Tu es confronté(e) en permanence à l'échec de tes efforts.

FOUS-TOI LA PAIX !
ET ACCEPTE DE NE PAS POUVOIR RÉPONDRE AUX DEMANDES INFINIES

- Te foutre la paix, c'est accepter de prendre un moment pour reconnaître l'impasse dans laquelle tu te trouves. Dans la vie, on ne peut parfois agir que de son mieux, même si ce mieux n'est pas parfait. Tu n'as pas le pouvoir de satisfaire tout le monde en même temps.

- Tu n'es pas en faute de pleurer, de te décourager, de ne pas en faire plus. Le reconnaître allège la culpabilité et la pression que l'on fait peser et que tu fais peser sur ta personne.

- Distingue ce que tu peux faire, et ce que l'autre dit attendre de toi dans un jeu parfois trouble. Certaines demandes sont infinies : je peux aider ma mère à aller chez le médecin, je ne peux pas l'aider à cesser d'être triste.

- Tu en viens à ne plus te respecter, à te diriger vers un burn-out ou à prendre des décisions inconsidérées.

Ma devise

Penser que tout est en ton pouvoir est un mirage qui t'empêche de trouver une vraie réponse.

À TOI DE JOUER !

1. Les demandes irréalistes

Qui est la personne la plus demandeuse dans ton entourage ? Nous allons examiner ensemble la situation.

Dans la première colonne, dresse la liste de ce qu'elle te demande.

Dans la deuxième colonne, inscris, en face de chaque demande, si elle est réalisable ou non.

Dans la troisième colonne, note ce que tu fais pour répondre à cette demande.

En dressant cette liste, tu as réalisé l'ampleur de ce qui t'est demandé ; tu as pris conscience, avec la deuxième colonne, que certaines de ces demandes sont irréalistes. Et puis surtout, dans la troisième colonne, tu as constaté que tu en fais déjà beaucoup !

2. Le témoin impartial

Tu peux être ton propre « témoin impartial ». Tu peux aussi demander à une personne de jouer ce rôle.

Décris la situation qui te pèse en enlevant toute intensité émotionnelle de ton récit pour ne conserver que les faits tels qu'ils sont, dans leur évidence objective. Qu'est-ce qui s'est réellement passé, indépendamment de tout jugement de valeur ?

En reformulant ainsi la situation, tu ôtes ton sentiment de culpabilité… et tu éteins le feu sous la cocotte-minute avant qu'elle explose.

....
....
....
....
....

La culpabilité est une intensité émotionnelle qui rend la situation plus trouble, plus confuse, qui crée un brouillard étouffant et ne t'apporte rien de constructif.
Tu fais ainsi la paix avec tes limites humaines.

3. Reconnaître ce qui te manque

De quoi as-tu besoin pour pouvoir à nouveau respirer ? Un peu de temps pour souffler ? Un peu de chaleur ? Un ou une amie à qui parler ?

Prends le temps d'explorer ce besoin que tu ne t'es jamais autorisé(e) à reconnaître, le considérant comme futile ou égoïste.

Dans ce cercle, dessine ce qui symbolise le plus profondément ton besoin intérieur.

4. J'ai besoin d'aide

Accepte d'être une mauvaise fille, un mauvais père ou une mauvaise grand-mère – « mauvais » selon des critères fantasmagoriques que tu as fini par assimiler jusqu'à les faire tiens.

C'est le point libérateur : quand tu acceptes de ne pas être parfait(e), quand tu abandonnes l'idée de toute puissance, tu t'es foutu(e) la paix, tu t'es libéré(e) de la nécrose de la culpabilité.

À partir de là, tu peux commencer à chercher vraiment de l'aide, matérielle ou émotionnelle.

Commence par pointer les champs où tu as besoin d'une aide.

Force-toi à en noter ici au moins trois :

....

....

....

Il existe forcément quelqu'un pour répondre aux demandes ainsi formalisées. Demande, sans préjuger de la réponse qui te sera donnée. Les personnes qui t'aideront ne sont souvent pas celles que tu imaginais !

JE ME SENS EXTRA-TERRESTRE PARMI LES AUTRES

LA SITUATION

Tu te sens différent(e) des autres - ou de l'idée que tu t'es forgée au sujet de ce que sont les autres. **Tu ne corresponds pas à ce que tu crois être la norme** : tu n'as pas autant de repartie, tu n'es pas aussi sociable, tu n'as pas envie d'avoir d'enfant, tu es maladroit(e), les jeux de pouvoir t'ennuient… Tu ne te sens jamais à ta place.

LES MAUVAISES STRATÉGIES

1 - Tu t'en veux et tu regrettes de ne pas être « moins » ou « plus » (timide, sociable…), tu penses que c'est ce qui t'empêche d'être mieux accepté(e) et plus heureux(se). Ta solution consiste à t'en vouloir d'être celui ou celle que tu es et de croire qu'avec de la volonté, tu deviendras un(e) autre.

2 - Tu es convaincu(e) que tu n'as pas de place dans ce monde, tu confonds le fait d'être différent(e) avec celui d'être une anomalie. Ta détresse peut devenir immense.

3 - Tu penses que personne ne pourra jamais te comprendre, tu te retires dans ta coquille, tu te coupes du monde.

Toutes ces solutions ne servent à rien : tu ne fais que renforcer la croyance illusoire que tu serais heureux(se) si tu étais normal(e).

FOUS-TOI LA PAIX !
ET ASSUME TES SINGULARITÉS

• En réalité, la normalité n'existe pas ; le chemin d'une existence consiste à accomplir sa singularité, non à la liquider.

• S'adapter parfaitement à la normalité sociale est une pathologie, le signe d'une incapacité à penser par soi-même, à pouvoir dire non.

• À force de vouloir être quelqu'un d'autre, tu finis par sacrifier ce que tu es et par ne plus être personne.

• Te foutre la paix, c'est découvrir qu'en étant toi, tu ne plairas peut-être pas à tout le monde, mais tu sauras créer de vrais liens. C'est la seule attitude constructive.

• Il existe un biais cognitif du cerveau : quand tu reçois un reproche et neuf compliments, tu ne retiens que le reproche et tu considères que les compliments n'avaient aucune importance. Prends-en conscience !

Ma devise
Ce n'est pas en étant comme tout le monde qu'on est accepté : on s'est juste sacrifié.

À TOI DE JOUER !

1. Le poison de la normalité

Ce que l'on appelle la « normalité » est un poison. Je vais te le démontrer.

Note ci-dessous trois éléments que tu considères être, chez toi « trop » ou « pas assez » *(trop timide, trop enrobé(e), passez assez brillant(e)...)*

....
....
....
....
....

Note, en face de chaque item, le nom d'une personne que tu connais bien, ou d'un personnage de roman, de film, de série télévisée qui porte également ce que tu appelles un défaut.

Tu vois bien que tu es loin d'être l'unique personne à porter cette « singularité ». Tu n'es pas hors normes, mais tu t'es construit une image normative de l'être humain. Or, celle-ci est une fiction.

2. Se réconforter

Décris sans affects la dernière situation dans laquelle tu t'es senti(e) anormal(e) ou différent(e) *(par exemple, cette fête de mariage où tout le monde semblait s'amuser mais où tu attendais une seule chose : pouvoir partir).*

....
....
....

Qu'est-ce qui te gêne le plus dans cette situation ? Ne te contente pas d'une première réponse, note au moins trois points *(ne pas savoir chanter ou m'amuser comme les autres, me sentir à part...)*

....
....
....

Que pourrais-tu dire à un ami qui serait dans la même situation pour lui remonter le moral ? Pourquoi ne te le dis-tu pas à toi-même ?

....
....
....

3. Les deux cercles magiques

Dessine dans le premier cercle ci-dessous ta singularité telle que tu te la représentes, ou bien un aspect de ta personne qui, selon toi, t'empêche d'être accepté(e) par les autres *(un rond blanc qui figure la solitude, un carré parsemé de points qui sont tes émotions, un gribouillage, une épée qui symbolise ta manière d'être tranchant(e)…).*

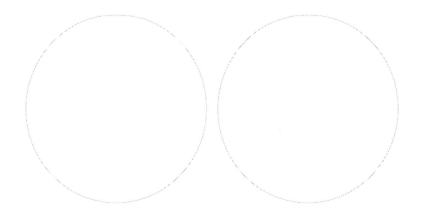

Dans le second cercle, représente ce même aspect de toi une fois qu'il serait devenu plus aimable et plus acceptable pour toi. Il ne s'agit pas d'effacer cette singularité, ce trop ou ce pas assez, mais juste de les figurer avec plus de chaleur ou de bienveillance.

Cet exercice t'aide à prendre acte de ce qui, en toi, te dérange, et de constater qu'il existe une porte de sortie.

4. Le moment clé

Souviens-toi d'un moment de ta vie où ta singularité t'a permis de débloquer une situation (*une colère, de la lenteur ou, au contraire, de la rapidité, ton hypersensibilité, ton attention extrême aux détails...*).
Ce jour-là, tu as été remercié(e) ou complimenté(e) pour avoir réalisé ce que d'autres n'auraient pas songé à faire ou voulu faire.

Sur le moment, et même plus tard, tu n'as pas reconnu la légitimité du compliment, pas plus que ton apport pour débloquer la situation.

En fait, tu ne vois pas l'aspect positif de ta singularité, et tu refuses d'entendre ce qui t'est dit en ce sens. Tu coupes les cordes qui te sont tendues.

JE N'ARRIVE PAS À M'ORGA-NISER

LA SITUATION

Tu es sollicité(e) par tous, tu te sens sous pression constante, tu ne vois pas comment répondre aux mails tout en rattrapant ton retard et en prévoyant le dîner (et les courses). **Tu as l'impression de mener en permanence plusieurs tâches de front**, d'être toujours en alerte, de ne jamais lever le pied. En somme, d'être esclave de la situation. Tu es toujours débordé(e).

LES MAUVAISES STRATÉGIES

1 - Tu essayes de tout accomplir de plus en plus vite, d'éviter toute distraction, de minuter chaque interstice de ton temps, mais cela ne t'apaise en rien parce que la demande ne diminue jamais.

2 - Tu craques, tu ne contrôles plus rien.

Tu sacrifies ta santé, ta vie, en espérant qu'un jour, à force de foncer encore plus vite, tu atteindras enfin un bonheur toujours repoussé. Or, l'illusion est de croire qu'au moment où tu atteindras tes objectifs et auras répondu à toutes les sollicitations, tu seras enfin en paix. Au contraire, sois en paix et tu atteindras tes objectifs.

FOUS-TOI LA PAIX !
ET ARRÊTE DE TE SOUMETTRE À LA PRESSION

- Tu n'es pas débordé(e) parce que tu as trop de choses à faire, mais parce que ton approche est erronée.

- Agis en étant présent(e) à ce que tu fais, et non pas en ayant à l'esprit ce que tu as par ailleurs à faire.

- Distingue l'important de l'essentiel. Il y a des renoncements nécessaires, mais la pression t'empêche de les voir.

- Le cercle vicieux du surmenage se met en place quand tu agis pour te libérer de la pression plutôt que pour avoir un impact qui fasse vraiment avancer les choses.

- Tu entres en surmenage quand tu réponds à toutes les demandes à la fois, dans l'ordre où elles arrivent (ou dans un désordre qui n'a pas de logique). Tu « fais plein de choses » quand tu as l'impression d'avancer et de te réaliser.

- La clé est le plaisir de faire. C'est aussi la seule manière de réussir à s'organiser.

Ma devise
On ne reprend pas le contrôle en allant plus vite, mais en s'immergeant dans ce que l'on fait.

À TOI DE JOUER !

QU'EST-CE QUI EST UTILE ?

1. Les voleurs de temps

Note trois actions qui, pendant cette journée, ont contribué à accroître la pression qui pèse sur toi, sans t'être pour autant vraiment utiles *(regarder tes mails au saut du lit, passer l'aspirateur alors que cela pouvait attendre le week-end, regarder la télévision pendant deux heures pour te vider la tête alors qu'une promenade de dix minutes t'aurait été plus bénéfique...)*.

....

....

....

Cet exercice t'aide à y voir plus clair quant à certaines activités qui te volent ton temps et ton énergie sans te permettre d'avancer.

2 Les cases de couleur

Colorie chaque case de ce carré d'une couleur différente (varie les couleurs, mais aussi les teintes en jouant avec la pression du crayon).

Tu t'es concentré(e) pour réaliser cet exercice. Concentre-toi de la même manière sur chaque tâche que tu effectues. Occupe-toi d'une tâche après l'autre au lieu de vouloir toutes les mener de front et de n'en achever aucune. Ta méthode ne soulage pas la pression !

3. La to-do list

Dans la première colonne, dresse la liste de tout ce que tu as à faire aujourd'hui, sans rien omettre.

Dans la seconde colonne, note l'ordre dans lequel tu vas aborder ces tâches, en commençant par le chiffre 1 pour celle qui est vraiment impérative et que tu traiteras en priorité.

À partir de là, redemande-toi ce que tu dois faire aujourd'hui. Les numéros 9, 10, 11... sont-ils indispensables ?

4 Ce qui t'apaise...

Nous allons dresser une autre liste, celle de toutes les activités qui t'apaisent, te ressourcent, te permettent de bénéficier d'une pause fondamentale. Je te donne quelques idées (biffent celles qui ne te conviennent pas) et je te laisse compléter la liste :
- Sortir marcher dix minutes ou un quart d'heure.
- Prendre trois minutes pour écouter une chanson que tu aimes.
- Préparer une tasse de thé et la savourer dans le silence.
- Arroser tes plantes.
- Lire une page d'un livre qui te nourrit.
- Prendre une douche.

Les neurosciences démontrent que de courtes pauses suffisent à ôter la pression, donc à voir plus clairement. Ces moments ne sont pas une perte de temps mais des manières fondamentales de se ressourcer. Sous la pression, on supprime ces pauses. C'est une grossière erreur.

JE NE SAIS PAS DIRE NON

LA SITUATION

Tu n'as pas osé dire non au vendeur et tu as acheté cette paire de chaussures que tu n'aimes pas. Tu n'as pas osé dire non à ce collègue qui, vendredi après-midi, t'a remis ce dossier à terminer lundi (ce n'est pas la première fois). Tu n'as pas osé dire non à cette amie qui t'a confié ses enfants alors que tu avais prévu des courses avec tes enfants. **Tu acceptes des demandes que tu voudrais refuser**... mais tu ne sais pas comment faire pour refuser.

LES MAUVAISES STRATÉGIES

1 - Tu dis oui et tu regrettes, tu te promets de refuser la prochaine fois, mais... la prochaine fois, tu n'y arrives toujours pas.

2 - Tu dis non, mais de manière inappropriée, parfois agressive, voire en explosant. Et tu es perçu(e) à ce moment comme une personne peu fiable, ou même caractérielle.

Dans les deux cas, tu ne t'es pas foutu la paix, tu n'as pas rencontré ce que tu voulais vraiment. C'est la peur qui a agi en toi, et non ton moi souverain.

FOUS-TOI LA PAIX !
ET SOUVIENS-TOI QUE DIRE NON NE FAIT PAS DE TOI UNE MAUVAISE PERSONNE

- Dire non est une compétence qui peut s'acquérir mais qui demande de mettre son orgueil dans sa poche.

- Il existe un art de dire non, avec une logique à mettre en place et des phrases à éviter pour ne pas blesser l'autre.

- On ne peut dire non qu'à partir de ce que l'on est vraiment, de ce que l'on sent, de ce que l'on veut.

- Dire non est un droit que tu possèdes. C'est une manière d'honorer tes sentiments, tes besoins et tes limites. Utilise ce droit à bon escient.

- Ce n'est pas parce qu'on dit non que l'on est une mauvaise personne ou que l'on veut causer de la peine à l'autre.

Ma devise
Dire non, c'est savoir se dire oui.

À TOI DE JOUER !

APPRENDS À DIRE NON

1. La demande juste

Tu es face à une demande. Te faut-il l'accepter ou la refuser ? Dire oui ou non ? Cette demande est-elle juste pour toi ? Pour le savoir, pose-toi ces quatre questions en prenant le temps d'y répondre sincèrement :

- Dire oui va-t-il m'empêcher de me concentrer sur quelque chose de plus important ?
- Ce projet ou cette opportunité que l'on m'offre correspondent-ils à ce dont j'ai vraiment envie ?
- Le fait de dire oui va-t-il m'épuiser, m'ennuyer, me décevoir ?
- Dans le passé, quand j'ai dit oui dans une situation similaire, l'ai-je ensuite regretté ?

En commençant par te poser ces questions, tu évites de répondre oui ou non de manière impulsive ou mécanique. Ton non pourra être argumenté.

2 Ton dernier non/oui
Quelle est la dernière situation où ton non n'a pas été respecté et a fini par se transformer en oui ? Note-la :

....
....
....

Quels étaient les arguments que tu as avancés pour asseoir ton non ? Note-les :

....
....
....

Relis tes arguments. N'es-tu pas rentré(e) dans trop de détails pour expliquer ton non ? Ou alors, as-tu tourné autour du pot sans donner un vrai argument ?
Comment pourrais-tu reformuler ton non de manière polie, ferme, sans donner prise à une contre-alternative ?

3. De tes difficultés à dire non

Pourquoi as-tu du mal à dire non ? Entoure les propositions qui te ressemblent et complète-les :

- Parce que je ne veux pas causer de la peine aux autres.
- Parce que j'ai peur qu'on cesse de m'aimer.
- Parce que je ne sais pas comment faire.
- Parce que je suis intimidé(e).
- Parce que je n'ai pas de présence d'esprit et je me laisse manipuler.

....
....
....

Une fois que tu as identifié ton problème principal, l'antidote est déjà là. Par exemple, si tu as peur de ne plus être aimé(e), accepte l'idée que tout le monde ne peut pas être tout le temps aimé.

C'est en identifiant clairement cette difficulté que tu apprendras à dire non.

Non !!!!!!!
Écris non en très gros sur cette page.

Note les trois demandes auxquelles tu as envie de répondre par un non, là, tout de suite, sans avoir à te justifier.

....

....

....

JE ME SENS SENS COUPABLE

LA SITUATION

Tu te sens trop souvent en faute, hanté(e) par ce que tu as fait, que tu n'as pas fait ou que tu aurais dû faire, par ce que tu as dit ou n'as pas dit. Tu te reproches ton attitude (même si tu ne pouvais pas agir autrement). Tu te sens coupable, tu t'accables : c'est (évidemment) de ta faute, tu n'es pas assez ceci ou tu n'es pas assez cela, tu aurais pu ou tu aurais dû mais tu n'as pas...

LES MAUVAISES STRATÉGIES

1 - Tu es convaincu(e) que s'il y a eu problème, c'est à cause de toi, et tu prends ce sentiment qui te ronge comme l'indice d'une vérité : oui c'est vrai, je ne suis pas assez courageux(se), pas assez cultivé(e), pas assez organisé(e).

2 - Tu cèdes à la pression : tu réalises tout ce qui t'est demandé pour « réparer ». En fait, tu te laisses manipuler par la culpabilité.

Des personnes de ton entourage utilisent ta culpabilité : elles savent qu'elle est le meilleur ressort pour te contraindre à agir contre tes désirs, contre ta volonté. Et tu tombes dans le panneau.

FOUS-TOI LA PAIX !
ET DÉCOUVRE SOUS TA CULPABILITÉ TA PLUS GRANDE TENDRESSE

• Tu te sens coupable, mais tes stratégies t'empêchent d'oser l'expérience de la culpabilité. Or, la seule manière de t'en libérer est de l'accepter. Je suis coupable, et alors ?

• C'est seulement à partir de là que tu pourras changer de stratégie. Au lieu de lutter contre ce sentiment, prends-en acte. Accorde-toi le temps de le ressentir, de le vivre. Le sentiment de culpabilité n'est pas une faute. Il a, au contraire, une dimension morale. Il témoigne de ton humanité, de ta sensibilité, de ton souci de ne pas blesser les autres. Seuls les pervers ne se sentent jamais coupables.

• Le sentiment de culpabilité est négatif quand il t'emprisonne, quand tu luttes de toutes tes forces pour t'en débarrasser. Cette lutte ne sert qu'à le renforcer.

• À partir de là, tu peux te poser une question essentielle qui te permet de distinguer la fausse culpabilité de la vraie culpabilité : « Suis-je vraiment coupable ? »

Ma devise
Personne n'est coupable en tant qu'être ;
on n'est coupable que d'un acte.

À TOI DE JOUER !

1. Démonter l'absurde

Prends le temps qu'il te faut pour noter, dans la première colonne, au moins cinq situations dans lesquelles tu t'es attribué la responsabilité d'événements dont tu n'étais pourtant pas l'auteur(e) *(par exemple : mon fils n'étudie pas à l'école – et je me sens évidemment coupable)*.

....	....
....	....
....	....
....	....
....	....

Dans la seconde colonne, résume la croyance qui t'amène à te sentir coupable *(mon fils n'étudie pas : je ne suis pas un bon parent ; mon équipe est submergée de travail : je ne suis pas à la hauteur pour bien la gérer)*.

En te relisant, tu constateras que, dans la plupart des situations, ton raisonnement est absurde : reviens sur terre, tout ne dépend pas de toi ! Continue à repérer les injonctions auxquelles tu crois et qui te manipulent.

2. S'excuser est une pratique magnifique

Tu as été dur(e) avec quelqu'un qui ne le méritait pas, tu as oublié d'inviter une amie à un dîner et tu l'as blessée. Souviens-toi d'une situation similaire et note-la :

....
....

Commence par prendre le temps de la regretter. Oui, tu as commis un acte stupide, idiot, tu as mal agi... mais cela ne signifie pas que tu es foncièrement mauvais(e). En as-tu conscience ?

Prête le vœu d'essayer de ne plus recommencer.

Pour te libérer pleinement, répare ton erreur en présentant des excuses. Par mail ? Par téléphone ? En envoyant des fleurs ? Note les possibilités qui te viennent à l'esprit. Tu en choisiras une que tu mettras en œuvre.

....
....
....

Croire qu'un être humain peut ne commettre aucune faute est le comble de l'orgueil. Refuser de reconnaître ses fautes et de s'excuser, également. Présenter ses excuses est un acte éthique qui te libère du sentiment de culpabilité.

③ La noblesse de ton cœur
Reprends la situation notée dans l'exercice précédent et repère deux sensations corporelles par lesquelles ta culpabilité recommence à se manifester, ici et maintenant (*un poids dans la poitrine, la gorge serrée, la bouche sèche, le cœur qui bat trop fort...*).
Derrière ta culpabilité se trouve ton désir de bien faire : tu te sens coupable parce que tu aimes l'autre, parce que tu voudrais qu'il soit heureux. Sens que tu l'aimes, que ton cœur est noble.
Représente ici l'amour que tu éprouves pour cette personne. Prend-il la forme d'une fleur, d'un oiseau ?

Envoie-lui cet amour que tu as pour elle.

Quand tu laisses des pensées négatives te ronger, tu ne t'aides pas et tu n'aides pas ton vis-à-vis. Opte pour une attitude constructive en te reliant à ton aspiration profonde. Écoute ton cœur que tu n'écoutais pas.

4 | Le bonheur d'être imparfait

Tu n'es pas parfait(e), tu ne peux pas tout faire, tout ne dépend pas de toi seul(e). Et si tu faisais la paix avec ces vérités ?

Accepte que tout le monde ne peut pas t'aimer, ni être d'accord avec toi. Après tout, ce n'est pas si grave !

En revanche, il est essentiel que tu te réconcilies avec toi et, plus encore, que tu apprennes à t'aimer.

Manifeste cet amour, cette affection pour toi, en t'offrant un cadeau : un temps particulier. As-tu envie d'un bain, d'une promenade le nez au vent, d'un bouquet de fleurs ? Tu vas te les offrir, et tu vas surtout prendre le temps de savourer ce cadeau, de sentir qu'il est un acte destiné à renouer en profondeur avec toi-même.

J'AI TOUT CE QU'IL FAUT POUR ÊTRE HEUREUX(SE), MAIS JE NE LE SUIS PAS

LA SITUATION

Tu te sens tout le temps insatisfait(e), jamais comblé(e), en manque. Tu es l'otage d'une petite voix toujours présente en toi qui te répète : « Ce n'est pas assez. » Tu vois ce que tu n'as pas accompli, tu oublies ce que tu as réalisé. Pour toi, le verre est toujours à moitié vide, et il reste à remplir.

LES MAUVAISES STRATÉGIES

1 - Tu te compares avec d'autres souvent fantasmés et tu te lamentes : ton mari n'est pas assez attentionné, tes enfants ne t'appellent pas assez. Tu nourris ta frustration.

2 - Tu essayes d'en faire toujours plus au risque d'un surmenage ou d'un burn-out, et sans surmonter ton sentiment d'insatisfaction.

3 - Tu en arrives à croire que ton non-accès au bonheur est presque une fatalité, un vice de fabrication que tu aurais eu à la naissance. Tu penses que tout le monde est heureux, sauf toi, et cela malgré tous tes efforts. Tu démissionnes...

Que ce soit la faute des autres, la tienne ou celle du destin, dans les trois cas, tu arrives à te convaincre que le bonheur et la plénitude ne sont pas pour toi...

FOUS-TOI LA PAIX !
ET DÉCOUVRE ENFIN CE DONT TU AS BESOIN

• Assume la frustration. C'est un acte radical : désormais, tu arrêteras de courir en tous sens pour combler le vide qu'il y a en toi. Et commence à t'écouter pour de vrai.

• Derrière ta frustration se cache un trésor : ce que tu cherches n'est pas une sortie de plus ou un nouveau pantalon, mais quelque chose de plus vrai, de plus entier, que la sortie et le pantalon ne pourront jamais combler.

• Ce que tu cherches n'est pas ce qui te comble. Ton besoin est plus vrai, plus entier, et il mérite d'être écouté. Si tu le reconnais, il sera un ami qui te donnera des indications pour mener ta vie d'une manière qui te satisfait.

• Les nourritures matérielles, émotionnelles, spirituelles que tu cherches vraiment sont celles qui peuvent te combler. À travers les exercices que je te propose, tu apprendras à découvrir ce que tu veux vraiment.

Ma devise
Donne à ton avidité, c'est-à-dire à ce vide qu'il y a en toi, ce qui peut la nourrir véritablement.

À TOI DE JOUER !

1 **Qu'est-ce que tu cherches ?**
Nourris ton avidité !

Ferme les yeux. Souviens-toi de moments récents où tu t'es enfin senti(e) satisfait(e), comblé(e).
Tu risques d'être déconcerté(e) par ce qui vient : marcher dans le silence, écouter de la musique, appeler un ami, prendre un café sur une terrasse, nager...
T'accordes-tu le droit de pratiquer ces « petites choses » qui te procurent un sentiment de plénitude parce qu'elles te nourrissent en profondeur ?
Décide de leur laisser plus de place dans ta vie.

À travers cet exercice, comprends que seuls peuvent te combler ces petits moments que tu as tendance à mépriser, à considérer dérisoires, à assimiler à une perte de temps.
Or, ces moments reflètent un besoin profond en toi que tu n'écoutais pas assez. Ils doivent devenir une construction fondamentale de ton existence.

2. Le rituel de l'appréciation

On accomplit quantité d'actions d'une manière mécanique qui nous assèche, nous appauvrit, nous frustre. Par exemple, habiller le petit dernier pour aller à l'école, éplucher les légumes du dîner, arroser les plantes.

Choisis l'une de ces actions (ou une autre qui lui est équivalente) et prends le temps de la réaliser en l'appréciant. Tu n'iras pas forcément moins vite mais, plutôt que de te focaliser sur la tâche elle-même, rentre dans toutes les émotions agréables que tu ressens. Il y a, en chaque situation, une part de beauté, d'émotion, qui ne demande qu'à se découvrir.

Quand tu as terminé, remercie pour ce moment de bonheur que tu as vécu dans une tâche aussi banale que tu exécutes chaque jour.

3 **Les qualités qui te nourrissent**
Au fond, de quoi as-tu besoin ? Autrement dit, qu'est-ce qui te donne de la joie ? Le rire, la tendresse, le courage, l'action ? Les réponses à cette question varient au fil des jours, voire au cours d'une journée.

Ferme les yeux et laisse spontanément venir à toi les deux qualités qui, à cet instant, te combleraient.
Est-ce l'amour et la tendresse ? Convoque-les ! Appelle un ami ou un proche dans cette intention très précise et laisse la conversation irradier et te nourrir. Ne bavarde pas mécaniquement ! Cette tendresse, tu peux aussi te l'offrir : fais-toi plaisir, va te promener ou écoute une musique qui te plaît, sans penser à autre chose qu'à la joie qu'elle te procure.

Par cet exercice, tu redeviens acteur de ta vie. Une fois que tu as identifié ce qui t'apportera ici, tout de suite, de la joie, envisage l'action à mettre en œuvre pour pouvoir vivre ce moment. Il s'agit d'actions très simples qui suffisent à nourrir le vide, à combler l'avidité.

S'enraciner dans la terre

Cet exercice peut s'effectuer en quelques minutes, en une demi-heure ou même plus. La seule règle est ton ressenti.

Si tu es debout, concentre ton attention sur tes pieds, en contact avec le sol.

Si tu es assis ou allongé, laisse ton attention aller là où ton corps rencontre la terre, le sol.

Autorise-toi à être attiré par la terre, à sentir que tu peux t'y enraciner par tous les points de contact que tu as avec elle.

Ancre-toi et sens-la te nourrir.

Si cela t'aide, visualise des racines qui sortent de ton corps comme d'un arbre et rentrent profondément dans le sol pour en absorber les nutriments, les ramener à toi et régénérer chaque cellule de ton corps grâce à la puissance nourricière de la terre.

JE NE PEUX PAS M'EMPÊCHER DE ME PLAINDRE

LA SITUATION

Tu te plains, tu rumines, tu pestes : contre les transports, contre tes collègues, tes enfants, ta santé, ta vie…**Tout y passe, rien ne va**. Ta plainte prend la place de l'action concrète. Elle est nourrie par l'habitude… et tu ne mesures pas vraiment combien cette habitude te cause du tort.

LES MAUVAISES STRATÉGIES

1 - Tu crois que la plainte va modifier la situation. Mais cette pensée magique ne fonctionne pas : il ne se passe rien.

2 - La plainte pourrait peut-être avoir un effet si tu t'adressais à la bonne personne. Mais tu te plains de tes enfants à ton collègue, et de ton collègue à tes enfants. Ils ne peuvent rien pour toi.

3 - Il t'arrive aussi de te plaindre auprès de la personne concernée, mais tu n'apportes rien de constructif. En face de toi, la personne se braque, ou alors elle se ferme comme une huître.

Tu t'enfermes dans une position de victime. Tes ressassements t'emprisonnent dans les problèmes mais ils ne te mettent pas en mouvement. Ils n'entrouvrent pas la porte qui apporterait de l'air frais.

FOUS-TOI LA PAIX !
ET REVIENS À LA SOURCE DE TA FRUSTRATION

• Se foutre la paix ne consiste pas à s'interdire de se plaindre, mais à arrêter un mécanisme qui tourne en rond.

• Dans la plainte, tu ne rentres pas en rapport avec ce qui fait problème, ni avec l'autre ou avec la situation : tu t'aveugles et tu restes impuissant(e). Ton ressentiment tourne en boucle et t'intoxique.

• En te foutant la paix, tu acceptes de ressentir qu'il y a un problème, et de rentrer en rapport avec ce problème.

• Tu n'arrêtes pas de te plaindre par un acte de volonté, mais parce que tu réalises que tu as besoin de cette énergie pour trouver une solution, pour nourrir la relation, pour ouvrir un chemin.

• En interrompant le mécanisme automatique de la plainte, tu reprends le contrôle de ta vie. Tu adoptes une attitude créative pour une quête de résultat.

Ma devise
La plainte ne fait que construire l'impuissance.
Elle est l'antidote de la créativité.

À TOI DE JOUER !

APPRENDS À DIRE NON

1. Qu'est-ce qui fait problème ?

De quoi te plains-tu ? Dans la première colonne, note les trois, quatre ou cinq principaux objets de tes plaintes.

....
....
....
....
....
....

Dans la deuxième colonne, note, pour chacune de ces plaintes, si tu l'adresses à la personne concernée ou à une autre personne.

Cet exercice te libère des formes de plaintes inutiles qui t'apportent peut-être une consolation (puisque quelqu'un t'écoute et te plaint), mais elles sont en réalité très insatisfaisantes parce qu'elles t'enferment dans la position de victime impuissante.

2 Quand la plainte devient constructive

Reprends, dans l'exercice précédent, les plaintes que tu n'as pas adressées à la personne concernée.
Reformule-les en propositions constructives ou en demandes d'aide.

....
....
....
....
....
....
....

Tu n'y parviens pas ? Tu n'as pas échoué : certaines plaintes sont vaines et t'étouffent. Tu as réussi à en prendre conscience.

3. Demande clairement de l'aide

Le fais-tu ? Oses-tu affirmer tes besoins et faire tout ce qui est en ton pouvoir pour recevoir l'aide qui t'est nécessaire ?

Dans la première colonne, note les situations où tu as concrètement besoin d'aide (ranger la maison, préparer le repas, terminer un dossier…).

Dans la deuxième colonne, note le nom de la personne qui peut effectivement t'aider pour cette tâche.

Dans la troisième colonne, formule clairement ton besoin, c'est-à-dire la ou les tâches que cette personne pourrait effectuer pour te soulager.

La troisième colonne n'est pas destinée à devenir une injonction. Son rôle est d'ouvrir le dialogue et, par là, une relation constructive dans laquelle l'autre n'est pas prisonnier mais co-acteur, avec toi, d'un problème dont vous trouverez ensemble la solution.

4. Il n'est pas honteux d'être heureux

Nous vivons dans un monde étrange où tu crois que si tu célèbres ton bonheur au lieu d'aligner tes malheurs, les autres te regarderont bizarrement. Donc tu t'abstiens de raconter le positif dans ta vie et, à la longue, tu finis par occulter son existence.

Et si l'on changeait cette donne ? Si tu t'autorisais à te réjouir et à te délivrer de la honte du bonheur ?

Note trois sujets de réjouissance dans tes relations avec les autres *(ta famille, tes collègues, tes amis, ton patron...)*

....

....

....

JE NE SAIS PAS CE QUE JE VEUX VRAIMENT

LA SITUATION

Tu ne sais jamais ce que tu veux ni, quand tu te décides, ce qui a guidé ton choix. **Tu as l'impression de te laisser ballotter** par la vie, sans savoir ce qui est important pour toi. Du coup, tu te sens toujours un peu perdu(e). Et quand on te demande ton avis, tu n'en as pas : « C'est comme vous voulez… »

LES MAUVAISES STRATÉGIES

1 - Tu dois choisir ? Tu demandes aux autres leur avis… et tu es encore plus perdu(e) car chacun te dit ce qu'il ferait à ta place par rapport à son propre désir, mais ce désir-là n'est pas le tien.

2 - Tu essays de t'interroger, mais de manière abstraite et sans rien réussir à décider. Tu changes d'avis et tu en as le tournis : tu n'arrives pas à distinguer ce dont tu as envie de ce dont l'autre a envie, et de ce que tu crois vouloir.

3 - Tu renonces, tu te laisses voguer au gré des situations, des hasards, sans réaliser que tu te coupes de tes forces de vie.

Plus tu te mets sous pression pour savoir tout de suite ce que tu veux, moins tu réussis à le savoir. Te poser devant un choix, aussi simple soit-il, te panique. Il est temps de changer de stratégie.

FOUS-TOI LA PAIX !
ET CESSE DE CHERCHER POUR ENFIN TROUVER

- L'étrange paradoxe du désir est qu'il ne se déploie véritablement que lorsqu'on lui fout la paix.

- Appréhende ton désir autrement, sans le brusquer. Apprends d'abord à l'écouter, à l'explorer, à le retrouver, à le rencontrer. Rentre dans ce cheminement.

- N'aborde pas le problème sous l'angle d'une décision à prendre. Tu dois d'abord découvrir ce que tu désires.

- Accepte d'être désorienté(e). Trouver son désir demande une attention souvent lente qui accompagne sa maturation.

- Porte à ton désir la même attention qu'à une graine que tu plantes en terre et que tu verras pousser si tu sais t'en occuper. Un matin, tu découvriras les premières feuilles, tu identifieras la nature de la plante, tu la verras grandir. C'est ce temps qu'on lui refuse quand on ne se fout pas la paix.

Ma devise
Notre désir est toujours dans les parages de ce qui nous fait du bien.

À TOI DE JOUER !

TOUCHE TON DÉSIR

1. Qu'est-ce qui fait problème ?

En évitant de trop réfléchir et en laissant tomber tes croyances, note dans la première colonne tout ce qui te fait plaisir ou te donne de la joie, c'est-à-dire tout ce qui te rend vivant(e) : le soleil ou la pluie, la nature ou la ville, telle personne, telle activité…

Dans la seconde colonne, note tout ce qui t'épuise ou te ralentit, y compris des activités connotées positivement par la société, par exemple l'adhésion à telle association ou des sorties en groupe avec des amis.

Habitue-toi à reprendre cet exercice tous les mois pour parvenir à vraiment discerner ce qui te nourrit et ce qui ne te plaît pas. Son but est de t'apprendre à repérer, par des signaux, ce qui te fait du bien.

2 Explorer les possibles

Encore une fois, tu es face à plusieurs options et tu hésites, tu ne sais pas ce que tu veux et, plus tu y réfléchis, moins tu sais.

Dessine, dans ces trois carrés, les trois possibilités qui te sont présentées. Par exemple, aller en vacances chez tes parents, avec des amis, ou seul(e) à l'aventure. Chaque dessin peut être un objet, un symbole, une couleur...
Laisse ta main agir (en étant moins dans ta tête).

Oublie les options qui se cachent derrière tes trois dessins et contente-toi de les regarder pour ce qu'ils sont. L'un d'eux ne t'attire-t-il pas plus que les deux autres ? Il correspond très probablement à ce que tu souhaites le plus profondément.

3. Le lieu de la joie

Note, sous forme de question, l'objet de tes hésitations (*où aller ce week-end ? Quel job accepter ? À quelle activité m'inscrire ?*).

_____

_____

_____

Maintenant, oublie ton problème et va te promener, nager, voir un film, des amis...

À ton retour, relis ta question. Il y a des chances que la réponse s'impose parce que tu l'auras trouvée à partir d'un lieu de joie, et non d'un lieu d'angoisse !

L'une de mes amies hésitait entre deux opportunités d'emploi. Elle devait rendre sa réponse mais était dévorée d'angoisse de se tromper. Je l'ai emmenée dans un bon restaurant où la qualité lui a fait oublier son problème : elle n'y pensait plus. Au dessert, elle a eu la révélation : elle acceptait l'offre la moins intéressante financièrement mais qui correspondait à ce qu'elle aimait vraiment. En se foutant la paix, elle avait autorisé son désir à se déployer en elle.

Souvent, la solution ne vient pas d'une analyse logique de toutes les données, mais par la connexion à ce qui est bien pour soi.

4. Merci à la vie

Accepte de ne pas savoir, de ne pas toujours avoir la « bonne » réponse : parfois, seul le temps peut te la donner. À travers cette acceptation, tu gagnes le pouvoir de rester ouvert(e) aux situations, aux personnes, aux événements, aux signaux qui te tendent la main. Fais confiance au mouvement de la vie et reste à l'écoute de tout ce qui se passe.

Pose-toi et remercie la vie pour ce qu'elle t'apporte et va t'apporter.
Tous les jours, le matin, en te réveillant, dit merci à la vie. Remercie-la profondément.
Remercie-la de ne pas savoir et de rester à l'écoute des opportunités et des propositions qu'elle te fera.

JE NE SAIS PAS ME DÉTENDRE

LA SITUATION

Des amis te proposent une sortie. Tu ne peux pas parce que tu dois : faire le ménage, t'occuper de ta grand-mère, relire un dossier. Et il en est toujours ainsi. Tu te sentirais coupable de « perdre ton temps » au lieu de te livrer à des tâches « utiles ». Tu es pris(e) par les « il faut », et même quand tu as l'air de te détendre, tu te laisses ronger par la culpabilité et tu n'apprécies pas ce moment.

LES MAUVAISES STRATÉGIES

1 - La plus mauvaise consiste à te dire que tu dois te détendre. Cette injonction t'introduit dans un cercle vicieux : tu t'en veux de ne pas y parvenir. La détente devient un nouvel objectif qui accroît la pression et te culpabilise... puisque tu échoues.

2 - Tu laisses tomber l'idée de détente et tu vis en mode robot, alignant les tâches en espérant qu'un jour, ce cycle s'achèvera. Ta conclusion est que tu n'as pas le droit à la détente.

Être stressé(e), tendu(e), n'est pas un problème. Comme un muscle, nous avons besoin de travailler... mais ensuite de nous détendre. La vie est une alternance obligatoire de moments d'attention, d'engagement, puis de repos.

FOUS-TOI LA PAIX !
ET ANCRE-TOI DANS CE QUE TU FAIS

• Il est temps de changer radicalement de perspective, de ne plus « essayer de te détendre ».

• La plupart d'entre nous ont perdu la capacité de s'immerger, d'être pleinement dans ce que l'on fait. Sortir avec des amis ne te détend pas parce que tu ne t'impliques pas dans l'activité de détente, tu restes sur le seuil.

• Tu ne franchis pas la porte parce que tu es obsédé(e) par la notion de réussite. Tu alignes les devoirs.

• Autorise-toi à prendre plaisir dans une activité qui n'est pas assimilée à la détente, par exemple la vaisselle. Autorise-toi à te réjouir de la sensation de l'eau sur tes mains. Prendre plaisir, s'amuser, est le premier pas vers la détente, non sa conséquence.

Ma devise
Me détendre ne dépend pas des activités que je mène, mais de ma capacité à profiter de ce que je fais.

À TOI DE JOUER !

OSE PRENDRE DU PLAISIR

1. Les fausses croyances

Nous avons en nous des croyances qui nous interdisent de nous autoriser à nous détendre. Entoure en rouge les phrases qui sont les plus vraies pour toi :

- Si je ne fais pas mieux, on ne m'aimera plus.
- Je suis égoïste de ne prendre du temps que pour moi.
- Ce n'est pas le moment, je me détendrai plus tard.
- J'ai trop de problèmes pour me permettre de me détendre.
- Si je me détends, c'est un manque de respect à l'égard de (ma mère, mes enfants, ma voisine…) qui ont besoin de moi.
- S'amuser dans ce que je fais n'est pas sérieux.
- Je n'ai pas le droit.

Relis maintenant à voix haute, les phrases que tu as entourées. Elles sont illogiques et même idiotes ! Ce sont des croyances qui ne reposent sur aucune vérité. Tu les as intégrées de manière mécanique, sans y réfléchir, et elles t'intoxiquent et t'emprisonnent.

2 Les phrases qui libèrent

Reprends, dans le premier exercice, les deux phrases qui sont les plus fortes pour toi. Reformule-les de manière libératrice. Je te donne trois exemples :

- « J'ai trop de problèmes pour me permettre de me détendre. »
⟶ « C'est parce que j'ai des problèmes qu'il est urgent de me détendre afin de pouvoir les affronter de manière moins mécanique et plus juste. »

- « Je suis trop fatigué(e) pour me détendre. »
⟶ « C'est parce que je suis fatigué(e) qu'il est temps de m'offrir une pause intentionnelle. »

- « Je suis égoïste de ne prendre du temps que pour moi. »
⟶ « Je suis égoïste de ne pas être disponible et ouvert(e) aux autres et aux situations. Or, la seule manière de l'être est de me ressourcer en profondeur pour ne plus être prisonnier(e) de mes peurs et ressassements. »

Note tes deux phrases libératrices sur un bristol (ou sur un papier ou dans un carnet) et garde-les sur toi. Elles deviendront ton mantra libérateur que tu ressortiras de ton sac ou de ta poche, dès que tu sens que tu en as besoin.

3. La lionne et la gazelle

Tu ne quittes ton ordinateur que pour courir faire les courses, préparer le repas, ranger, répondre à des mails forcément urgents. C'est la tension de la lionne quand elle chasse la gazelle. Oui mais... après avoir attrapé la gazelle, la lionne dort au moins dix heures.

Devenons des lions ! Après la chasse, accordons-nous une période de présence détendue et ouverte. C'est difficile ? Essaye cet exercice.

Tu as travaillé et c'est très bien. À présent, toi qui ne sais pas te détendre, teste un autre mode de régime cognitif et offre-toi une pause intentionnelle.

Prévois un temps court : 2 minutes pendant lesquelles tu seras dans un mode de vigilance ouverte. Tu acceptes de ne plus avoir d'objectif, surtout pas celui de te calmer ou de te détendre. Laisse venir ce qui vient.

Les bénéfices du « mode pause » ne se récoltent pas seulement pendant la pause. Le changement de régime que tu viens de t'imposer a des répercussions sur le plus long terme, tu le constateras par toi-même.

Je te conseille de recourir à cet exercice toutes les heures au moins, voire toutes les demi-heures. Il te ressource et te permet de mieux mettre à profit la période hors pause.

4. L'empreinte d'épuisement

On est souvent plus épuisé qu'on le croit, mais on se refuse à l'admettre, déclenchant un engrenage qui, à terme, mène au burn-out.

L'empreinte d'épuisement se lit à travers un certain nombre de signes, parmi lesquels :

- Être énervé en permanence.
- Se précipiter sur le sucre et les boissons sucrées.
- Ne plus réussir à lire un livre.
- Perdre, oublier.
- Ne pas parvenir à dormir.
- Prendre du poids sans s'en rendre compte.
- Avoir à nouveau ces douleurs que l'on connaît bien, au cou, au dos ou au ventre.
- Se réveiller fatigué.

Prendre conscience que l'on est épuisé est une première étape cruciale.

JE NE SUIS NI L'ENFANT NI LE PARENT IDÉAL

LA SITUATION

Tu t'en veux de ne pas être le parent idéal ou l'enfant idéal, de ne pas être assez présent, assez ceci ou cela... et cela te pèse, te ronge, te chagrine. Tu es déçu(e) par toi-même, tu te sens coupable. Tu t'en veux...

LES MAUVAISES STRATÉGIES

1 - Tes parents ou tes enfants te font des reproches ? Tu considères qu'ils ne te comprennent pas, qu'ils ont des demandes illégitimes, excessives, qu'ils sont trop égoïstes, pas assez aimants... Tu pars dans les vertiges de la justification de soi et de la condamnation de l'autre. Tu essayes de te libérer de ta culpabilité en les rendant coupables, et tu t'enfermes dans le ressentiment.

2 - Tu essayes d'en faire plus pour toujours répondre à ce que tu crois être leurs demandes légitimes, tout en ayant l'impression qu'ils ne sont jamais comblés, jamais pleinement satisfaits.

Ces deux stratégies esquivent le cœur du problème qui est une relation fausse entre parents et enfants (peu importe que tu sois ici le parent ou l'enfant). Elles reposent sur des schémas illusoires qui nous enferment dans des rôles et des fonctions qui n'ont rien à voir avec la réalité.

FOUS-TOI LA PAIX !
ET ADMETS QUE LA PERFECTION N'EST PAS DE CE MONDE

- Libère-toi de l'enfermement dans une identité figée, nécrosée. Tu n'es pas que l'enfant de tes parents ou le parent de tes enfants : tu es aussi une femme, un homme, un ou une chefe d'entreprise, un ou une enseignante.

- Reviens à ce que tu es vraiment, au-delà des images et des projections qui sont des identités fugaces ou périmées.

- Toute relation doit évoluer, sinon elle devient fausse. Tu as une responsabilité à l'égard de tes parents, de tes enfants, mais cela ne signifie pas être en capacité de régler tous leurs problèmes. Tu n'es pas tout(e)-puissant(e), l'admets-tu ?

- Tu te sens parfois des devoirs sans rapport avec la réalité. N'es-tu pas souvent en train de précéder la demande et de te figer dans l'image illusoire de toute-puissance ?

- Derrière les demandes qui te sont adressées, n'y a-t-il pas une autre demande qui n'est, elle, jamais formulée, donc jamais comblée ?

Ma devise

Je ne suis pas l'enfant ou le parent parfait...
que personne ne m'a jamais demandé d'être.

À TOI DE JOUER !

DEVIENS ADULTE

1. Les vraies et les fausses demandes

Note, dans la première colonne, les demandes qui te sont le plus souvent adressées par tes parents, tes enfants. Et, dans la seconde colonne, ce qui advient fréquemment quand tu réponds à cette demande.

(Par exemple, on te demande plus de présence, mais quand tu es trop présent(e), tu déranges. Ou bien on te demande de faire les courses, mais on te rétorque que tu n'as pas acheté pas ce qu'il fallait, etc.)

....
....
....
....
....
....
....

Ces demandes impossibles à satisfaire, ou jamais bien satisfaites, sont de fausses demandes.

2 Le pouvoir de faire plaisir

Note de « vraies demandes » qui te sont adressées et qui se reconnaissent au fait… qu'elles peuvent être comblées *(accompagner ta mère à l'hôpital ou ton fils à une compétition…)*.

_____
_____
_____
_____
_____
_____
_____

Les « vraies demandes » sont bien précises et elles nourrissent la relation. Tu les reconnaîtras facilement des « fausses demandes » qui sont toujours plus floues, plus invasives et qui portent en elles une contradiction profonde.

3. Sortir du couloir du passé

Mets-toi au clair sur tes ressentiments, repère tes frustrations, prends le temps de les noter pour t'en débarrasser. Il ne sert à rien de rester coincé(e) dans le couloir du passé.

- Je ne suis pas respecté(e) (et je ne l'ai jamais été).
- Je ne suis pas aimé(e) (et je ne l'ai jamais été).
- Je ne suis pas libre (et je ne l'ai jamais été).
- On ne m'a pas laissé(e) mener ma vie à ma guise (études, amours…).
- Je suis étouffé(e).

Sens en toi l'enfant qui a été blessé, qui n'a pas été aimé, respecté, et prends le temps de lui dire : « Maintenant, l'adulte que je suis ne va pas te laisser tomber. Je te donnerai l'attention, l'amour, l'estime que tu mérites et dont tu as besoin. Désormais, je suis suffisamment adulte pour te prendre en charge. »

Tes relations avec tes parents, avec tes enfants, se détendront très vite.

L'apaisement
Quelle est la personne qui te pose le plus de problèmes avec ses demandes ?

Décris-la comme elle est, avec ses qualités, ses singularités, indépendamment de votre relation. Sors de la fonction figée de père, de mère, de fils ou de fille et regarde-la d'adulte à adulte.

C'est un exercice très puissant que l'on s'autorise rarement. Par cette description objective, tu te libères de tout le carcan émotionnel, des images, des projections inconscientes qui nuisent à votre relation.

Cette personne a ses limites, ses imperfections, tu as toi aussi les tiennes. Peux-tu l'accepter ?

JE SUIS HYPERSENSIBLE, COMMENT FAIRE ?

LA SITUATION

Tu es submergé(e) par l'intensité sensorielle ou émotionnelle qui parfois te tombe dessus. Tu en as assez d'être bousculé(e) par les situations, de surréagir aux remarques, aux réflexions, d'être si facilement déstabilisé(e), perdu(e). Tu t'en veux d'être vulnérable et tu te dis que la vie serait plus facile si tu n'étais pas aussi sensible.

LES MAUVAISES STRATÉGIES

1 - Tu te reproches sans arrêt, tu te convaincs que ton hypersensibilité est ton problème. Tu penses que faute de pouvoir t'en débarrasser, tu seras toujours en échec. Tu te décourages, tu renonces au bonheur.

2 - Pour « guérir », tu consultes : des livres, des thérapeutes et surtout des pseudo-thérapeutes puisque l'hypersensibilité n'est pas une maladie.

3 - Tu essayes de te « blinder », de te construire une carapace, de ne plus écouter ce que tu ressens, de rentrer dans la peau du parfait robot, performant, efficace et complètement transparent.

Évidemment, aucune de ces stratégies ne fonctionne : tu pars du principe que l'hypersensibilité est à l'origine de tes souffrances, tu luttes contre ta vulnérabilité, mais tu n'as aucune chance de la détruire ni de l'effacer.

FOUS-TOI LA PAIX !
ET DÉCOUVRE LES ATOUTS DE CE QUE TU ES

- L'hypersensibilité touche environ un quart de la population mondiale. Elle se retrouve dans toutes les cultures et à toutes les époques. Elle n'a rien d'anormal.

- On te raconte des sottises : que tu devrais te calmer, que le monde est trop dur... Tout ceci ne sert qu'à t'enfermer dans la case de la « petite chose fragile ».

- Ose aller plutôt à la rencontre de ton hypersensibilité, explore-la en te libérant des préconçus simplistes et faux.

- Tu confonds le jugement social avec ton expérience. Tu as fondu en larmes et on te dit que c'est un problème. Mais en quoi est-ce un problème d'être humain, d'avoir des émotions ? C'est certes ennuyeux, et alors ? Ne serait-il pas encore plus ennuyeux d'être un robot sans émotions ?

- Être hypersensible, c'est être hypervivant. Ce n'est peut-être pas toujours confortable mais cela donne accès à une vie entière, profonde.

Ma devise

Arrête de combattre ton hypersensibilité au lieu de l'embrasser. Elle est une force qu'il est temps d'employer.

À TOI DE JOUER !

1. Une force et des atouts

Ton hypersensibilité te confère des atouts que nous explorerons ensemble. Je vais t'indiquer cinq caractéristiques dans lesquelles tu peux te retrouver. Souviens-toi d'une situation dans laquelle cette caractéristique t'a été utile :

- Mes sens sont plus affûtés que la moyenne (*l'odorat, le goût, l'ouïe...*).

- Je suis très empathique : je ressens immédiatement ce que les autres ressentent, cela me permet de mieux les comprendre et de mieux agir ou réagir.

- Je perçois des signaux faibles que personne d'autre ne remarque. Ils me permettent d'inventer une solution plus créative, plus inspirée, sortant des sentiers battus.

- Je vis avec une intensité qui, dans certaines occasions, me permet de me sentir encore plus vivant(e) *(lors d'un concert, d'une promenade, avec des amis...)*.

....

- J'ai explosé *(en colère, en sanglots...)* et cela a permis de débloquer la situation.

....

2. Le poison de la normalité

Libère-toi du poison de la normalité. Tu as réussi à croire que sur un certain nombre de points, tu ne corresponds pas à la norme. Note-les dans la première colonne.

....	....
....	....
....	....
....	....
....	....
....	....

Note dans la seconde colonne, en face de chaque point, le nom d'un personnage, réel ou imaginaire, que tu admires et qui possède ce que tu appelles un défaut.

3 Te libérer de la susceptibilité

Tu as été blessé(e) par une remarque, par un agissement. Étant hypersensible, tu vis cet épisode sur un mode extrême. Je te propose cet exercice :

1 - Note ce que tu ressens ou as ressenti *(j'ai été triste, blessé(e), humilié(e), je me suis senti(e) rejeté(e)...)*

....
....
....

2 - Tu as nommé cette émotion que tu vis ou as vécue. Prends maintenant le temps de lui dire bonjour telle qu'elle est, sans la juger.

....
....
....

3 - Reviens à la situation. Quelle était l'intention de la personne qui t'a blessé(e) ? Voulait-elle vraiment te nuire ? Ou bien, prise par ses problèmes, elle a oublié de te dire bonjour ou de répondre à ton mail ?
Son intention n'était pas forcément celle que tu lui avais prêtée sur le moment.

....
....
....

4. Ressource-toi

Hypersensible, tu es souvent submergé(e). Il est important de t'accorder des plages qui te ressourcent, dans lesquelles tu peux t'éloigner des sollicitations extérieures. Il peut s'agir d'une promenade en solitaire, de silence, d'une musique.

Représente dans ce carré, de manière symbolique mais avec des couleurs, l'expérience de complétude que tu vis dans ces moments.

Le but de cet exercice n'est pas le dessin en lui-même : il n'est qu'un moyen de t'aider à explorer le sentiment de complétude qui t'habite quand tu t'y autorises.

JE ME SENS IMPUISSANT(E)

LA SITUATION

Tu te sens impuissant(e) face aux défis du monde, coupable de ne pas en faire assez : l'écologie et le réchauffement climatique, les violences, la souffrance animale, la faim, les migrants… Tu souhaites agir, changer les choses, mais ce désir te confronte sans cesse à tes limites. Et, de manière imperceptible, cette impuissance ronge ton cœur, elle participe, de manière sournoise, à te dévaloriser à tes propres yeux, à te sentir lâche, coupable, voire désespéré(e) ou profondément en colère.

LES MAUVAISES STRATÉGIES

1 - Tu en viens à la conclusion que tu ne peux agir qu'en marge, sans changer le fond du problème et… tu finis par tout lâcher. Tu ne fais rien mais tu continues à te poser des questions… et tu t'en veux profondément de ne rien faire.

2 - Tu deviens militant(e) agressif(ve), de plus en plus en colère contre la société, contre les autres, y compris tes amis, ta famille qui ne perçoivent pas comme toi la gravité du problème. Et toutes tes relations deviennent conflictuelles.

Dans les deux cas, qu'il s'agisse de la résignation et de la fuite, ou de l'approche agressive, tu échoueras et tu seras ramené(e) sans arrêt au sentiment de ton impuissance.

FOUS-TOI LA PAIX !
ET ACCEPTE D'ÊTRE BOULEVERSÉ(E)

- Entre ces deux extrêmes que sont l'illusion de la toute-puissance et le sentiment d'impuissance, il y a tout un monde que tu as oublié.

- En te foutant la paix, tu acceptes que cette question t'atteigne, te touche, tu consens à ton émotion, à ta colère, à ta détresse et tu admets qu'il n'existe pas une baguette magique qui effacera ce que tu ressens. Tes émotions sont le signe de ta dignité, de ta noblesse d'être humain.

- À partir de là, tu reconnaîtras l'espace de ta propre puissance qui n'est pas la toute-puissance, ni non plus l'impuissance. Tu pourras ainsi te reconnecter à ton vrai désir d'agir.

- Accepte que ton action puisse être restreinte tout en étant utile.

Ma devise
Quand tu n'as pas fait la paix avec ce que tu ressens, tu n'as rien gagné, tu as tout perdu.

À TOI DE JOUER !

MOBILISE TA PUISSANCE

1. Accepter sans se résigner

Identifie, sans porter aucun jugement, les deux situations face auxquelles tu te sens particulièrement impuissant(e). Note-les dans la première colonne.

....	....
....	....
....	....
....	....
....	....
....	....
....	....

Dans la seconde colonne, note une action que tu pourrais entreprendre, dans la mesure de tes possibilités. Ne sois ni dans le ressentiment, ni dans la haine. Ne ressasse pas.

Cet exercice t'aide à réouvrir des possibles, à réaliser que tu n'es pas condamné(e) à l'impuissance.

2. Trouve ta cause

Les défis du monde sont nombreux et ils t'interpellent tous. Mais vu que tu ne peux pas tous les embrasser, tu t'englues encore plus dans le sentiment d'impuissance. Quelle est ta cause, celle qui t'atteint le plus profondément en tant qu'être humain ?

Commence par noter les différents problèmes qui t'interpellent et face auxquels tu aurais envie d'agir :

....
....
....
....
....
....
....
....
....
....

Dans cette liste que tu as établie, entoure les deux causes qui te touchent le plus. Laisse tomber tout jugement, toute objectivité et autorise ton cœur seul à parler. Tu risques d'être surpris(e) par tes choix, mais c'est la règle du jeu.

Une fois que tu as identifié ces deux causes, étudie les moyens de t'engager dans l'une, dans l'autre ou dans les deux.

3 Exercice de la compassion

1 - Pense au défi dans le monde qui te cause le plus de peine. Laisse venir à toi les images, les émotions qui surgissent, ne lutte pas contre elles, elles te touchent et c'est normal.

2 - Place un micro (symbolique) au niveau de ton cœur, ressens la puissance d'amour qu'il recèle et dont tu ne te doutais pas, laisse s'exprimer ton désir ardent que ceux qui souffrent ne souffrent plus. C'est un sentiment que l'on déconsidère souvent en estimant qu'il ne suffit pas à changer la situation. Laisse-le se déployer.

3 - Formule un vœu qui exprime ce que tu ressens : « Puissent-ils ne pas souffrir », « Puissent-ils être apaisés », « Puissent-ils être libérés de la souffrance ».
Répète ton vœu à plusieurs reprises, pendant quelques minutes.

Tu te libères ainsi de la peur et de la colère, du ressentiment qui t'entravent et tu déploies pleinement ton aspiration.
Tu te ressources avec ton pouvoir d'agir.

4. L'amour n'est pas un gâteau

Ce n'est pas parce que j'en mange une part qu'il y en aura moins pour les autres. Et ce n'est pas parce que je suis heureux que je vole le bonheur aux autres.

Ne pas t'autoriser à vivre des moments de bonheur, de complétude, parce que certains souffrent, est vice et non vertu. Libère-toi du moralisme qui te ronge et qui n'est pas créatif !

Écris en grand le bonheur dont tu as le plus besoin aujourd'hui pour te libérer de la culpabilité et du ressassement.

JE N'AIME PAS MON CORPS

LA SITUATION

Très peu sont satisfaits de leur corps. Chez toi, cela va encore plus loin : tu le détestes. **Ce que tu appelles ton ou tes imperfections t'obsède.** Tu te sens frustré(e), parfois humilié(e) par ces « tares », tu leur en veux et tu t'en veux pour cette obsession contre laquelle tu ne peux rien.

LES MAUVAISES STRATÉGIES

1 - Tu cherches des solutions radicales sans prendre d'abord le temps de te rencontrer ni de savoir ce qui est important pour toi : ce sont les injections de Botox ou de silicone à 35 ans, les régimes qui se succèdent mais qui ne tiennent pas.

2 - Tu renonces et tu prends comme une donnée le fait que tu es une personne laide, pas belle, trop ceci, pas assez cela. Tu perds confiance et cela a des conséquences sur ta vie affective, sociale, relationnelle.

3 - Tu revendiques ton défaut, tu le brandis comme un étendard : il devient ton identité – et t'obsède.

Dans tous ces cas, tu n'as pas fait la paix avec toi-même, tu as réduit ton corps à un outil qui ne fonctionne pas comme tu le voudrais. Pour cette raison, ton problème, réel ou imaginaire, reste sans issue.

FOUS-TOI LA PAIX !
ET COMMENCE PAR ARRÊTER DE TE DÉTESTER

• Ton corps n'est pas seulement ce défaut qui te dérange. Il est d'abord ta maison, ce qui te permet d'exister, de vivre, d'aimer. Commence par te relier à ce corps dans sa globalité, de manière confiante, non agressive.

• Reviens à ton corps comme lieu de ta présence au monde. Écoute-le, ce qu'il aime, ce qui lui convient. Allie-toi avec lui au lieu de lutter contre lui : cette lutte ne sert qu'à renforcer le problème.

• Tu as le droit de ne pas apprécier ton nez, tes rides ou des kilos en trop et de vouloir opérer des changements. Si cette envie vient du plus profond de toi, elle devient un chemin merveilleux. Tu ne mincis plus en te privant, mais pour te rejoindre, pour être plus profondément qui tu es.

• Tu te fous la paix pour sortir d'une instrumentalisation : tu agis par amour pour toi et non pour ressembler à quelque chose ou quelqu'un qui n'est pas toi.

Ma devise
Je ne peux pas aimer mon corps en me détestant.

À TOI DE JOUER !

QU'EST-CE QUE TU VEUX ?

1 **Que signifie m'accepter ?**
- Commence par noter tout ce que tu reproches à ton corps. Ne nie pas ton expérience, passe en revue toutes tes « imperfections ».

_____

_____

- Tu vis mal ces imperfections, c'est vrai, mais tu n'es pas que ces imperfections et je vais t'en donner la preuve. Note trois sensations agréables que te permet de ressentir ton corps (le bonheur d'être au soleil, de tenir la main d'une personne que tu aimes, de serrer ton enfant contre toi, de marcher dans la nature, de nager, de sentir l'eau sur toi quand tu es sous la douche, de voir, d'écouter, de lire les lignes de ce livre…).

_____

_____

- Remercie ton corps de tout ce qu'il te donne.

Ne t'inquiète pas si la deuxième partie de l'exercice a été plus compliquée à réaliser que la première : des biais cognitifs nous rendent plus facile de voir ce que l'on n'aime pas plutôt que ce qui nous fait plaisir.

2 Remettre les problèmes à leur place

Tu détestes ton nez ou ton cou ou tes cheveux ? Fais-en part à un ou une amie, sans entrer dans des explications. Contente-toi d'un « je n'aime pas mon nez (*ou mon cou, ou mes cheveux*) ». Sa première réaction sera généralement : « Pourquoi ? »

Ce qui t'obsède n'est pas forcément ce que les autres voient... et ton obsession n'est pas forcément objective !

Le but de cet exercice n'est pas de nier ton ressenti ou ton problème réel, mais simplement de les remettre à leur juste place. À force de te focaliser sur un seul élément, tu ne te vois plus dans ta globalité. Tu oublies le reste de ton corps...

3 Passer à l'action ?

En partant de « l'imperfection » qui te pèse le plus, prends le temps de répondre sincèrement à ces questions afin de déterminer s'il te faut passer à l'action.

- Que veux-tu ? Ce désir vient-il de toi ou émane-t-il du regard de tes parents, de tes amis ?

....

....

- Si tu passes à l'action (entamer un régime...), est-ce dans l'intention de ressembler à telle figure des réseaux sociaux ou à telle image de mannequin ?

....

....

- Et si tu le fais, te sentiras-tu : beaucoup mieux, un peu mieux, juste mieux ?

....

....

- Trouve au moins trois raisons pour vraiment passer à l'action (raisons de santé, ton image ne te correspond plus...).

....

....

Tu as pris le temps d'interroger ton « imperfection », de comprendre si l'envie de changer émane de toi, des autres, du besoin de correspondre à une norme. Et, plus profondément, de réaliser si c'est une envie réelle.

Passer à l'action
Si après l'exercice 3, tu as décidé de passer à l'action, vas-y ! Et, plutôt que d'en rester à des injonctions abstraites, dessine le chemin qu'il convient de prendre et donne-toi les moyens de le prendre.

As-tu besoin d'être accompagné(e), de te renseigner, de trouver de nouvelles idées ? Vas-tu consulter (un diététicien, un médecin...) ? Lis la littérature appropriée et fixe-toi des objectifs réalistes et en adéquation avec ce que tu sens vraiment, avec ce qui est juste pour toi. Sois précis(e).

Tu passeras à l'action quand tu cesseras de te torturer avec des objectifs inatteignables.

Maintenant que tu as rencontré ton désir véritable, tu peux sceller une alliance avec ton corps. Et tu réussiras parce que tu te fous la paix par amour au lieu de t'insulter et de t'agresser.

REMERCIEMENTS

Dans *Foutez-vous la paix !*, que j'ai publié en janvier 2017, je présentais une autre vision de la vie que je portais en moi depuis des années, donnant à chacun le droit d'être enfin comme il est, aux antipodes de la conception dominante, à la fois culpabilisante et instrumentalisante.

Je n'ai cessé depuis d'avoir des échanges passionnants avec mes lecteurs que je remercie.

La méthode Foutez-vous la paix ! explicite le pouvoir agissant de cette vision. Je l'ai élaborée en m'abreuvant de nombreuses sources qui m'ont aidé à expliciter le paradoxe que je portais en moi : se foutre la paix, ce n'est pas juste un soulagement, c'est une action réelle qui peut tout changer.

La pensée de l'école de Palo Alto, telle que l'ont élaborée Gregory Bateson et Paul Watzlawick, m'a permis de comprendre le sens réel de « changer de cadre », clé de tout changement. Par ses enseignements, ses livres et nos nombreuses discussions, Jean-Luc Giribone m'a amené à mieux comprendre la profondeur et la pertinence de cette approche.

Je dois aussi beaucoup à François Roustang. Il m'a profondément aidé à comprendre la profondeur et la subtilité du « ne rien faire » qui permet toutes les transformations. Il m'a aussi profondément éclairé sur le sens si mécompris de l'influence et son lien à la liberté.

Je remercie Jean-Marc Benhaïem qui m'aide à explorer la subtilité de cette pratique avec tant de finesse.

Merci aussi à François Fédier qui a toute sa vie travaillé à désencombrer nos existences de la représentation habituelle de l'être humain comme conscience fermée sur elle-même et qui a su me montrer comment vivre et agir hors de l'enfermement dans le mythe de la volonté.

Rien n'aurait été possible sans Djénane Kareh Tager qui m'a aidé à rendre cette méthode accessible à tous et concrète.

Merci à Guillaume Robert, mon éditeur qui veille sur le développement de mon travail avec un enthousiasme infaillible.

Merci à Susanna Lea qui est toujours parfaite.

Merci à Catherine Barry pour nos discussions sur la dimension thérapeutique de l'approche Foutez-vous la paix qui permet, selon le titre de son précieux livre, toutes les Transformations.

Merci à Ali Rebeihi, Christilla Pellé-Douël et Viviane Chocas pour leurs questions si lumineuses qui m'ont aidé à avancer dans la mise en application de la vision Foutez-vous la paix.

Merci à Clément qui ne vacille jamais.

Achevé d'imprimer en août 2022
par Normandie Roto Impression s.a.s.
61250 Lonrai (Orne)
N° d'impression : 2202951
N° d'édition : 447935-0
Dépôt légal : septembre 2022

Imprimé en France